INHALT

SLAUGHTERHOUSE NEWS: STEPHEN KINGS UNDER THE DOME +++ ZOMBIELAND WIRD SERIE +++ MANIAC SCHEITERT AN DER FSK +++ THE WALKING DEAD SEASON 1 KOMMT UNCUT +++

FRISCHFLEISCH REVIEWS: TEXAS CHAINSAW 3D +++ THE COLLECTION +++ EVIL DEAD +++ ABC´S OF DEATH +++ DEATH RACE 3: INFERNO +++ JOHN DIES AT THE END +++ THE MILLENNIUM BUG +++

ABGEFERTIGT: +++ KILL EM ALL +++ CITADEL +++ DJANGO UNCHAINED +++ TASMANIAN DEVILS +++ REEL EVIL +++ THE SLEEPER +++ THE BAY +++ DEAD SHADOWS +++ FORCED TO FIGHT +++ BAD KIDS GO TO HELL +++ DRAGON WASPS +++ DERANGED +++ SILENT HILL: REVELATION +++ AMERICAN HORROR HOUSE +++ THE MARK +++ GHOUL +++ GYO +++ TRUE BLOOD THIRST +++

NEUES AUS DER KLAPPSMÜHLE: 12/12/12 +++ ABDUCTED +++ 40 DAYS AND NIGHT +++ # HOLD YOUR BREATH +++ HANSEL AND GRETEL

HORROR IN DER DRITTEN DIMENSION: BATTLE ROYALE 3D +++

GRINDHOUSE LOUNGE: SYNDIKAT DES GRAUENS

SERIEN-REVIEW: THE WALKING DEAD – STAFFEL 3 REVIEW

SPEZIAL: HORROR & SPLATTER IN SERIE

SLAUGHTERHOUSE NEWS
FRISCHE MELDUNGEN AUS DEM SCHLACHTHAUS

STEPHEN KINGS "UNDER THE DOME" GEHT IN SERIE

Und wieder eine Meldung, die Stephen King Fans erfreuen dürfte. Bereits vor Jahren als Serie für den beliebten Pay-TV-Sender HBO geplant, wird das Projekt nun im größeren Rahmen für das Network CBS aufgezogen und bereits diesen Sommer in den USA ausgestrahlt. In Stephen Kings Roman „Under the Dome", welcher hierzulande als „Die Arena" veröffentlicht wurde, geht es um eine Kleinstadt, die plötzlich von einer Art unsichtbaren Schild von der Außenwelt isoliert wird, was in Anbetracht eines kriminellen Bürgermeisters und seines psychopathischen Sohns als Polizist nur in einer Katastrophe enden kann.
Die Serie soll (sofern die Quoten stimmen) über mehrere Staffeln gehen und sich in der 13 Folgen umfassenden Season 1 mit der Katastrophe und den Ursprung des „Domes" beschäftigen.
Als Oberbösewicht James Reenie konnte, der aus „Breaking Bad" bekannte Dean Norris verpflichtet werden.

MANIAC SCHEITERT AN DER FSK

Tja, so kann es gehen. Im Kino noch ungeschnitten mit FSK:ab18, muss das von der Kritik positiv aufgenommene Remake des Kult-Klassikers für die selbe Freigabe auf DVD geschnitten werden.
Offenbar wurde dem Film schon fürs Kino eine leichte Jugendgefährdung attestiert, was damals aber (dank der lockereren Bestimmungen für die Lichtspielhäuser) noch kein Problem darstellte, für die Heimmedien allerdings ein No-Go für die Freigabe ist.
Doch keine Sorge. Der Film wurde bereits von der Spio/JK geprüft und erhielt das leichte „Keine schwere Jugendgefährdung"-Siegel. Mit dieser Freigabe erscheint er über Ascot Elite ungeschnitten ab dem 21. Mai im Verleih und Handel. Eine zensierte Kaufhaus-Fassung wird es natürlich auch geben.

ZOMBIELAND WIRD SERIE

Wer nun seit Jahren auf die Fortsetzung des Zombie-Komödien-Hits wartet, der dürfte mit dieser Meldung doch leicht enttäuscht werden. Denn das, ursprünglich als TV-Serie geplante, Konzept macht einen Schritt zurück und wird von den Amazon-Studios nun auch als solche produziert. Natürlich ohne die Kino-Bestzung.
Doch lassen wir uns mal überraschen, was schließlich dabei raus kommt. Die ersten veröffentlichten Bilder versprechen immerhin einen gorigen Horrorspaß.

THE WALKING DEAD SEASON 1 UNCUT

Was lange währt, wird endlich gut. Wer, wegen der Zensuren, mit dem Kauf der ersten Staffel von „The walking Dead" gewartet hat, kann sich nun auf den 31. Mai freuen. Dann wird es Season 1 endlich in unzensierter Form nach Deutschland schaffen. Die ehemals geschnittenen Folgen wurden der FSK vorgelegt und bekamen auch so eine Freigabe. Die neue Box wird werbewirksam mit dem Siegel Uncut-Edition gekennzeichnet sein.

FRISCHFLEISCH REVIEWS
AKTUELLES, FRISCH VON UNSERER NETZHAUT GEKRATZT

DER FILM: 1974 – Nachdem einer Frau, deren Freunde von Sawyer Clan brutal massakriert wurden, mit letzter Not, die Flucht von der Farm gelingt; rückt ein nach Blut dürstender Mob an und metzelt die ganze Familie nieder. Einzig ein Baby überlebt das Inferno und wird heimlich von einem kinderlose Ehepaar vom Grundstück geschafft und adoptiert. Jahrzähnte später erfährt die junge Heather vom Tod einer ihr bisher unbekannten Großmutter, deren Haus sie sogleich auch erbt, und schließlich, dass sie eine Sawyer ist.
Auf der Suche nach ihrer Vergangenheit macht sie sich, mit Freund und zwei weiteren Freunden, auf nach Texas. Keiner von ihnen ahnt, dass Heather zusammen mit dem Haus noch einen letzten Verwandten mitgeerbt hat, der seit 1974 vor dem Rest der Welt versteckt im Keller des Hauses lebte – ihren Cousin Leatherface!

KRITIK: Es ist schon eine etwas komisch Sache mit der Entstehung dieses Films, bzw mit der neuer „Texas Chainsaw Massacre"-Reihe. Folgte auf das sehr erfolgreiche 2003er Remake des Terrorfilm prägenden Kultklassikers, 2006 noch relativ schnell mit „Texas Chinsaw Massacre: The Beginning" eine qualitativ gleichwertiges und nicht minder erfolgreiches Prequel, so wurde zwar sehr schnell ein dritter Teil (auch in 3D) angekündigt, doch passiert ist dann lange Zeit nichts; außer dass zwischendurch bekannt wurde, dass der Film nicht mehr von Michael Bays Produktionsschmiede Platinum Dunes produziert würde.

Ganze 6 Jahre sollte es dauern, bis schließlich ein weiterer „Texas Chainsaw Massacre"-Film entstand; und was schließlich dabei raus gekommen ist, verblüfft in vielerlei Hinsicht.
Nicht nur, dass der Film (leider) nichts mehr mit der Remake-Reihe zu tun hat, er ignoriert zudem auch noch alle bisherigen Fortsetzungen und knüpft inhaltlich direkt an den Vorgänger an.
Ja, richtig gelesen. „Texas Chainsaw 3D" soll ein Quasi-Sequel zum originalen „Texas Chainsaw Massacre" von Tobe Hooper sein. Und (um es gleich zu sagen) gemessen an der Vorlage, ist es ein ziemlich Schlechtes.
Das fängt schon mit der Inszenierung an, die einen erschreckend billigen Eindruck macht.
Klar, man muss nicht gleich die Videoclip-Ekstatik von Platinum Dunes auffahren, aber was man hier geboten bekommt, sieht kaum noch nach Kino, denn mehr nach einer durchschnittlichen DTV-Produktion, aus. Schaut man sich mal die bisherigen Outputs von Regisseur John Luessenhop an, verwundert das auch kaum, war seine bisher größte Leistung doch der eher durchschnittliche „Takers".

Doch damit nicht genug. Auch das von gleich drei Autoren verzapfte Drehbuch kann alles andere als Überzeugen. Wehren der Anfang und das Finale durchaus interessant und unterhaltsam sind, ist der Mittelteil so abartig mit Klischees vollgestopft, dass man als halbwegs erfahrener Filmkenner nicht weiß, ob man lachen, oder weinen soll. Zumal der Film in einem komplett anderes Genre übergesiedelt ist, als noch sein Vorgänger.
Mit dem tumben Leatherface, ohne den Rest seiner fiesen Familie, wird aus einem Terrorfilm plötzlich ein schnöder Slasher. Und weil der Laetherface weder die Anschleich-Qualitäten eines Michael Mayers, oder Jason hat (was mit einer laufenden Kettensäge auch echt schwierig ist) müssen die ohnehin nicht sonderlich sympathischen fickrigen Durchschnitts-Zwanziger dumm wie ne Fuhre Sand sein und (der alte Leatherface ist ja auch nicht der Schnellste) ständig hinfallen, oder sich gleich dort verstecken, wo man leicht gefunden wird.
Um die Sache mal abzukürzen, sagen wir einfach mal, dass „Texas Chainsaw" weder was für Chineasten, noch für Leute ist, die beim Gucken gern über das Gesehene nachdenken.
Aber, ganz so schlimm, wie es den Eindruck macht ist „Texas Chainsaw 3D" nun auch nicht.
So ist das allgemeine Tempo des Streifens hoch und lässt kaum Raum für Längen, zudem gibt es im letzten Drittel eine recht interessante Wendung, die die Story in eine ganz andere Richtung dreht und die Blickwinkel verschiebt.
Und auch, wenn „Texas Chainsaw 3D" keine Goregranate ist, so bietet er (auch in der R-Rated-Fassung) einen angenehm hohen Härtegrad und ein paar schicke Einsätze der titelgebenden Kettensäge, die effektiv in das sehr gute (echte) 3D eingegliedert wurden.

Auch sind die (stark unterforderten) Schauspieler zumindest schön anzusehen. Ganz besonders Tania Raymonde („Death Valley"), die als dauergeile Nikki einfach ihre Klamotten nicht am Leib behalten kann.
Zudem gibt es einen kleinen Auftritt von Original Leatherface Gunnar Hansen, am Anfang.

FAZIT: 08/15-Slasher-No-Brainer für einen biergetränkten Abend mit den Kumpels, der zwar Härten und Gore bietet, dem aber die verstörende Stimmung und Spannung seiner Vorlage gänzlich fehlt.
6 von 10 Punkte

FREIGABE: Die kommende deutsche DVD und BD-VÖ wurde bereits als ungeschnitten mit FSK:ab18 angekündigt. Bleibt noch die Frage, ob es sich um die bereits vorher zensierte R-Rated- oder um die Unrated-Fassung handelt. Da Letztere bisher aber selbst in den USA nicht veröffentlich wurde, stehen die Chancen für eine Unrated schlecht.

DER FILM: Ein sadistischer Killer macht die Staaten unsicher. Sein Markenzeichen sind Folter und ausgeklügelte Fallen, dass er immer eines (seiner meist zahlreichen) Opfer entführt und mit äußerster Präzision vorgeht.
Bei seinem neuesten Streich, in einer Underground-Disco, verläuft allerdings nicht alles nach Plan. Zwar gibt es ein riesiges Gemetzel mit unzähligen zerstückelten Partygästen und auch das nächste Mädchen wird in die Kiste für seine Sammlung gesteckt, doch in dem ganzen Durcheinander geht etwas schief und seinem persönlichen Prachtexemplar, dem Einbrecher Arkin, der ihm schon mal die Tour vermasselte, gelingt schwer verletzt die Flucht.
Viel Zeit zum Ausruhen im Krankenhaus bekommt der arme Arkin allerdings nicht. Den Elaina, das neueste Entführungs-Opfer des Sammlers, hat einen sehr reichen und einflussreichen Vater. Dessen Lakai taucht, samt Killertrupp, bei Arkin auf und erpresst ihn, nicht nur das Versteck des psychopathischen Killers ausfindig zu machen, sondern auch noch bei der Befreiung von Elaina zu helfen.
Tatsächlich gelingt es Arkin das Versteck des Sammlers zu finden, doch dieser hat für so einen Fall bereits gründlich vorgesorgt. Aus einer Rettungsmission wird ein Himmelfahrtskommando...

KRITIK: Hier haben wir sie nun, die von mir meist erwartete Fortsetzung 2012 zu meinem absoluten Lieblingsfilm 2009/10, der für mich zudem noch einen persönlichen Wert besitzt, weil es sich hier um den ersten Film handelte, dessen Rezension von mir es auf eine DVD/BD-Hülle brachte („Gemeint ist die Black Edition").
Was war ich damals begeistert von diesen hochspannenden, kammerspielartigen und einfallsreichen Slasher, vom Autor von der Feast-Trilogie und „SAW 5 & 6" Marcus Dunstan, der ein vorzüglich inszeniertes Regiedebüt-Debüt ablieferte und das Ganze auch noch mit Folter- und Fallen-Elementen a al „Jigsaw" würzte.
Ob sich das mit dem Zitat nun beim zweiten Teil wiederholen wird, bleibt abzuwarten, denn im Fall von „The Collection" habe ich deutlich weniger Lob zu vergeben, als es noch bei „The Collector" der Fall ist.
Das liegt vor allen Dingen daran, dass „The Collection" tatsächlich eine Fortsetzung ist, wie sie im Buche steht, im positiven-, wie leider auch im negativen Sinne.

GRÖSSER! BLUTIGER!...ABER LEIDER NICHT BESSER!
Zunächst aber mal zu den positiven Aspekten.
Erstens: „The Collection" ist an sich nicht mal schlecht, und tut sich immer noch wohltuend in der Masse der Horrorfilme hervor – Dazu gleich mehr...

Und Zweitens: Zumindest Gorehounds werden hier voll auf ihre Kosten kommen. Denn wenn es um Blut und Gore geht, hat man hier (in bester Fortsetzungen-Manier) gegenüber dem Vorgänger ordentlich aufgetrumpft. Zwar mag der Film kein Schlachtfest sein, aber er ist gar nicht mal so weit davon entfernt.

Es wird geklotzt und nicht gekleckert. So katapultiert schon die Opening-Sequenz mit der Disco-Trap den Bodycount in den dreistelligen Bereich. Hier spritzte der Lebenssaft in Hektolitern zusammen mit fliegenden Gliedmaßen durch den Raum, wenn des Collectors große Massenvernichtungswaffe durch das Partyvolk drischt.

Auch danach geht es alles andere als zimperlich zur Sache. Es wird in Schädel gebohrt, Köpfe werden in die Luft gejagt, Leute werden zerquetscht, aufgespießt, abgestochen und seziert. Zwar sind die Sachen meist recht schnell geschnitten, etwas CGI-lastig und nicht so explizit, wie man es vielleicht erwartet hat, einen niedrigen Härtegrad besitzt „The Collection" aber keines Falls.

Leider aber machen viel Blut und Splatter noch keinen guten Film aus. Und hier kommen wir dann zum größten Problem von „The Collection". Denn der Drang zur Übertreibung macht nicht nur an der Gewalt halt, sondern setzt sich auch im viel zu überladenen Drehbuch fort. Seien es die teils arg übertriebenen Fallen, bei denen selbst Jigsaw staunen würde, oder das die Behausung des Sammlers einer Geisterbahn gleicht, die neben einer freakigen Püppchen-Braut auch noch selbstgeschaffene Zombies, die als Wachhunde dienen, auffährt.

War der erste Teil noch halbwegs in der Realität verankert, so scheint die Fortsetzung in eine ganz eigenes Universum abgedriftet sein, was ihm jeden Realismus raubt. Tatsächlich scheint Dunstan diesmal grundsätzlich auf Realismus und Logik gepfiffen zu haben.
Nicht, dass nicht schon der Vorgänger gelegentlich die Regeln der Logik aushebelte; dieses Mal ist die Handlung aber, schlicht und einfach gesagt, über weite Strecken haarsträubender Mumpitz. Sei es, wie einfach man Larkin doch aus dem Krankenhaus gekriegt hat, der seltsame Verzicht das Versteck mit Polizei zu durchsuchen; das (und noch Einige mehr) sind so Sachen, wo man doch lieber schon ein Paar Bierchen in der Blutbahn hat, damit sie einem nicht negativ auffallen.

DIE 100. SPEZIALEINHEIT

Negativ fällt auch auf, dass die Story selbst sehr einfallslos geraten ist, und gegenüber Teil 1 kaum Neuerungen mitbringt, außer dass alles in deutlich größeren Rahmen spielt. Zudem ist die Idee mit der Spezialeinheit (in diesem Fall eben Söldner, respektive Killer) spätestens seit Camerons „Aliens" alles andere als sonderlich ordinär und im B-Movie-Bereich so beliebt, dass auch demnächst in „Hatchet 3" ein SWAT-Team in den Kampf geschickt wird.

Aber auch sonst bleibt „The Collection" über weite Strecken Überraschungs- und leider auch etwas Spannungsfrei. Den Meisten, der schablonenhaften Figuren steht „Kanonenfutter" sprichwörtlich auf die Stirn geschrieben und wer lebt und wer stirbt ist (für den erfahrenen Filmfreund zumindest) eigentlich von vorne herein klar.

Erst zum Ende wird es dann tatsächlich noch richtig spannend, ob der Frage wegen, wie denn der Film nun endet, und ob Dunstan sich (für einen möglichen dritten Teil) wieder für ein böses offenes Ende entschieden hat. Hier darf man sich dann tatsächlich mal überraschen lassen, denn ein Ende wie das von „The Collection" wird man so sicher nicht erwarten. Zudem hat es das feurige Finale, mit einem wahrlich brutalen Endkampf, tatsächlich in sich..

Und so ist „The Collection" auch eigentlich gar nicht mal schlecht. Ist er doch, trotz seiner drehbuchbedingten Macken, hochwertig in Szene gesetzt, bietet Alles, was man von einem anständigen Folterreißer erwartet und hebt sich auch sonst qualitativ angenehm vom Videotheken-Einheitsbrei ab.

FAZIT: Größer und blutiger heißt nicht zwangsläufig besser. „The Colelction" klotzt zwar in Sachen Blut und abgedrehter Ideen, krankt aber an einer flauen Handlung und dem akuten Mangel an Logik.
Als Fortsetzung schwach; als eigenständiger Edeltrasher aber durchaus einen Blick wärt. **7 von 10 Punkte.**

FREIGABE: Wie schon der erste Teil, so hatte auch „The Collection" keine Chance bei der FSK und bekam erst von der Spio/JK ungeschnitten die höchst möglich Freigabe „Strafrechtlich unbedenklich".

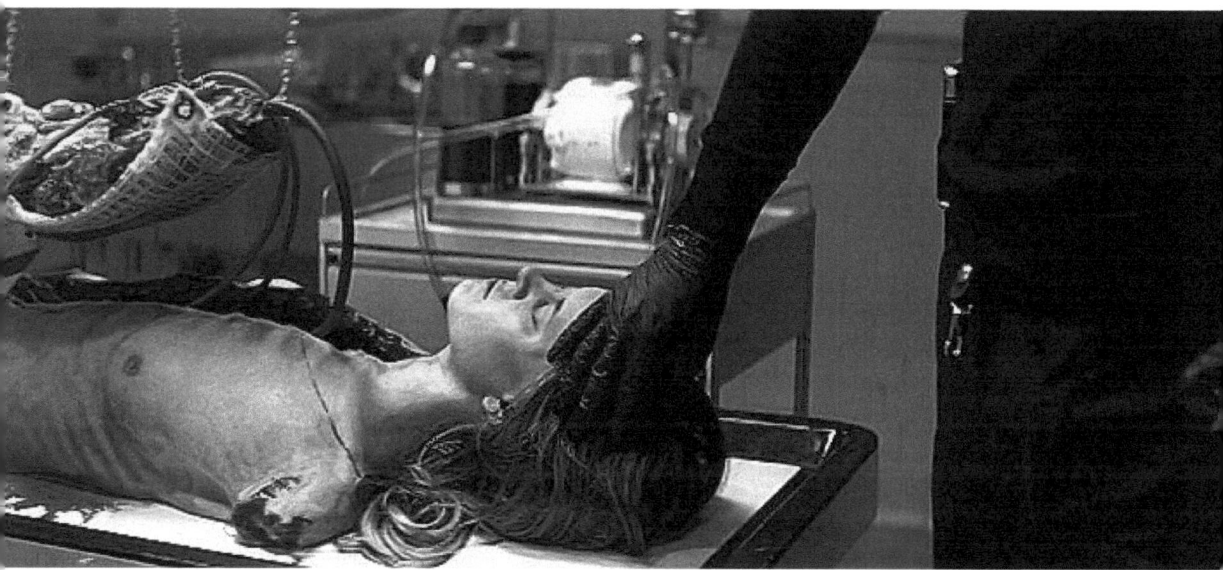

EVIL DEAD (2013)

DER FILM: Um den Entzug seiner, nach dem Tod der Mutter entfremdeten, Schwester Mia zu unterstützen, fahren David und seine Freundin Natalie zu einer entfernt im Wald liegenden Hütte, wo sie sich mit zwei weiteren Freunden, Eric und Olivia, treffen. Bereits auf eine harte Zeit eingestellt, ahnt noch keiner von ihnen was für Schrecken sie dort tatsächlich erwarten.
Im Keller finden sie die Spuren eines Zauberrituals und ein mit Stacheldraht versiegeltes Buch.
Trotz ausführlicher, schriftlicher Warnungen liest Eric aus dem Buch und entfesselt das im Wald schlafende Böse, welches auch sogleich Mia befällt und sie in eine mordlustige Bestie verwandelt. Doch damit hat das Grauen erst begonnen; denn die Teufel tanzen wieder...

KRITIK: Oh man, was war das Geschrei groß, als die ersten Details und Gerüchte über den neuen „Evil Dead"
(für die ganz Unwissenden, das ist der berüchtigte Kultfilm „Tanz der Teufel") an die Öffentlichkeit kamen. Keine Sequel, sondern ein Remake, kein Bruce Campbell, dafür aber möglicher weise ein weiblicher Ash, und nicht mal Sam Raimi auf dem Regiestuhl, sondern der bis dahin eher unbekannte Fede Alvarez, der hier zudem auch noch sein Spielfilmdebüt geben sollte und sogar Gerüchte über eine angestrebte PG-13-Freigabe - Da konnte doch nur Scheiße bei raus kommen; meinten Alle! (Das war zum damaligen Zeitpunkt übrigens auch meine feste Überzeugung.)
Und tatsächlich! Bei raus gekommen ist Scheiß... geiler Scheiß!
Das neue 2013er-„Evil Dead" ist ein Remake, wie es sein sollte. Es transportiert den Stoff der 80er, respektvoll in die Gegenwart, ohne die Vorlage einfach 1:1 zu kopieren.

IT´S EXPLOTATION, BABY!

„Tanz der Teufel" war der Prototyp des modernen Dämonenhorrors, sinnentleerte Explotation mit eindimensionalen Figuren und einer hauchdünnen Handlung, die einzig dazu diente intensive Schreck- und Horrormomente, mit ebenso intensiven Splattereinlagen zu verknüpfen – vorzüglich inszeniert vom schon damals hochbegabten Amateur Sam Raimi. Ein wilder Ritt aus Blut und Schrecken.

Und das ist auch das neue „Evil Dead". Verpackt in einen modernen, aber durchaus atmosphärischen Hoch-

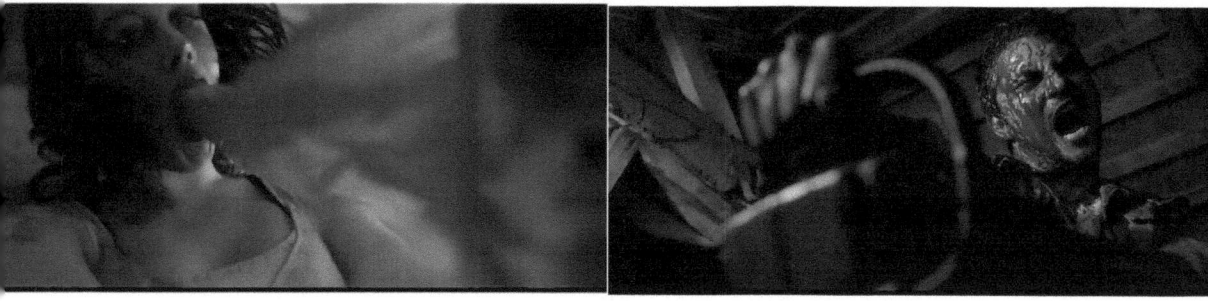

glanz-Look, geht es im Remake um nichts weiter als blanken Terror und blutige Schocks.
Und zumindest was denn Gore anbelangt, da ist das Remake dem Original sogar deutlich im Vorteil.
Nicht, dass das Original nicht auch heute noch ein extrem hartes Filmchen wäre, doch wo sich „Evil Dead" in den 80ern noch mit blutige abgeschlagenen Gliedmaßen begnügte; braucht es heutzutage die derben Elemente der modernen Torture-Genres um wirklich zu schocken. So, wird nun (Selbst-) Verstümmelt das die schwarte Kracht. Zungen werden gespalten, Backen aufgeschlitzt , Knochen gebrochen, Leiber verbannt und verbrüht und auch eine Nagelpistole und die Elektro- und Kettensäge kommen zum überaus spektakulären Einsatz – alles frei von CGI!
Das Ganze ist so blutig, so derbe und hart in Szene gesetzt, dass selbst verwöhnte Gorebauern gelegentlich das Staunen kriegen und zart Besaiteten die Gesichtsfarben verblassen.
Story und Handlung sind wieder ganz einfach gestrickt und orientieren sich zum größten Teil an der des Originals, bringen dann aber doch kleinere Abweichungen im Verlauf und zum Ende hin doch einen Twist, der dann noch etwas die Spannung erhöhen kann.

ALLE ETWAS FARBLOS UNTER DEM BLUT

Da stört man sich dann auch nicht, dass die Charaktere teils unsympathisch, und teils sogar richtig belanglos geraten sind. Während die männlichen Kollegen sich noch halbwegs gut schlagen und Shiloh Fernandez („Red riding Hood") sogar einen halbwegs passablen Ash-Ersatz abgibt, kann von den Damen einzig Jane Levy über-

zeugen, wehrend die anderen Beiden einzig als Dämonenfutter zu gebrauchen sind. Wobei besonders Elizabeth Blackmore´s Charakter als Davids Freundin so banal daher kommt, dass man einzig ihren spektakulären Abgang in Erinnerung behält. Doch das ist nicht so schlimm, wie es klingt. Schlecht gespielt wird hier nicht und auch im Original-Film waren die Figuren alles andere als besonders charismatisch – was selbst für Campbell´s beliebten Charakter Ash gilt.

HARDCORE FANS KÖNNTE STÖREN

Von den derben Verstümmelungen mal abgesehen, muss man aber kritisieren, dass die völlig entmenschlichten, monströsen Besessenen mit ihren weißen Augen und grünlichen Gesichtern in Raimis Version, doch deutlich furchteinflößender wirkten, als die nun eher zombiehaften und etwas zu glatt wirkenden Besessenen des Remakes, die eher an „Der Exorzist" erinnern.
Und auch, dass Fede Alvarez von Anfang an auf eine morbid finstere Stimmung setzt, ist doch leicht gewöhnungsbedürftig, da man hier gleich von Anfang an versucht Spannung mit dem Holzhammer zu verbreiten, was aber gar nicht nötig gewesen wäre, da ab dem Vorlesen aus dem Buch erst wirklich Spannung erzeugt wird. Dann aber geht es auch ab, wie Schmitz Katze, und man fühlt sich öfters wohlig an den Wahnsinn des Originals erinnert. Ganz besonders, wenn Alvares auch auf Raimis Stilmittel (wie die extremen Nachaufnahmen, schrägen Kameraperspektiven und wilden Kamerafahren) zurückgreift.
Und man vermisst auch den so geliebten Ash nicht, welcher als cooler Macker nicht so recht in dieses beinharte und gänzlich humorfreie Gemetzel passen würde.

FAZIT: Alder Schwede, was für ein wilder, derbst harter und ultra goriger Teufelstanz! Ein überaus gelungenes und würdiges Remake, das auch den Hardcore-Ash-Fans gefallen wird. **9 von 10 Punkte**

FREIGABE: Wir durften für diese Review die R-Rated-Fassung bewundern, welche für dieses Rating minimal zensiert werden musste, was man aber in keinstem Augenblick merkt, und laut Fede Alvarez auch nur wenige Einzelbilder, aber nie komplette Szenen, betreffen sollen. Diese immer noch überaus derbe und blutige Fassung hat dann auch erfreulicher Weise ohne weitere Zensuren eine „ab18"-Freigabe für die deutschen Kinos bekommen und wird so auch ab dem 16. Mai in Deutschland ausgestrahlt. Ob die Freigabe auch so für die DVD/BD-Veröffentlichung übernommen wird, bleibt abzuwarten bzw. zu bezweifeln; ganz besonders, da die Chancen nicht schlecht stehen, dass eine noch härtere Unrated-Fassung nachgereicht wird.

ABC'S OF DEATH

DER FILM: Das Ende einer Ehe zum Ende der Welt. – Ein besonderer Hundekampf endet äußerst überraschend – Ein japanisches Schulmädchen und ihrer Lehrerin erleben die Furzpokalypse. – Eine Bösenacht-Geschichte nimmt für ein Pärchen ein blutiges Ende. – Ein Mann muss um sein Leben onanieren. – Ein Filmstudio wird vom fleischgewordenen WTF-Moment überrannt. – Eine übergewichtige Frau nimmt mit dem Messer in Rekordgeschwindigkeit ab – Der Überlebenskampf eine Junkiebraut fällt äußerst Explosiv aus – Ein Junge stellt sich dem Klomonster - … Und das sind nur ein Paar der 26 Horrorszenarien, die das ABC des Todes zu bieten hat…

KRITIK: Bruno Forzani („Amer"), Helene Cattet (ebenfalls „Amer"), Kaare Andrews („Altitude"), Angela Bettis („Roman"), Adrian Bogliano ("Penumbra"), Jason Eisner ("Hobo with a shotgun"), Ernesto Diaz Espinoza ("Kiltro"), Xavier Gens („The Divide", „Frontiers"), Noboru Iguchi („Robogeisha"), Thomas Malling ("Kommandør Treholt & ninjatroppen"), Jorge Michel Grau ("Wir sind was wir sind"), Anders Morgenthaler ("Princess"), Yoshihiro Nishimura (Make-Up u.a. "Machine Girl"), Jbanjong Pisanthanakun, Simon Rumley („The Living and the Dead"), Marcel Sarmiento („Deadgirl"), Jon Schnepp ("Metalpocalypse"), Srdjan Spasojevic ("Serbain Film"), Timo Tjahjanto ("Macabre"), Andrew Traucki ("The Reef"), Nacho Vigalondo ("Timecrimes",) , Jake West ("Doghouse"), Ti West („V/H/S", „The Innkeapers") , Ben Wheatley ("Kill List") , Adam Wingard ("You're Next") , Yudai Yamaguchi („Meatball Machine") …

Nein, das ist nicht die Gästeliste zu einer Party zu der nur die coolsten und aufstrebensten Regisseure der Welt eingeladen wurden, sondern die Namen der 27 Talente, welche es mit ihren 26 Kurzfilmen in die, in dieser Form einzigartige Horroranthology „The ABC's of Death" geschafft haben.
Dabei bekam Jeder einen Buchstaben und 5000 Dollar zur Verfügung gestellt und durfte sich ein zum Buchstaben passendes Wort aussuchen, zu welchem dann ein passender Kurzfilm über den Tod verfilmt werden sollte – dabei hatten die Macher dann absolute künstlerische Freiheit.
Und diese künstlerischen Freiheiten wurden auch voll und ganz genutzt, weshalb „The ABC's of Death" letztlich eine einzigartige Collage des Horrors wurde, in welche kein Beitrag dem Anderen gleicht.
Damit kommen wir dann auch gleich zu Anfang zu dem Ersten von Zwei Kritikpunkten, die man dieser Anthologie vorhalten kann.

Die inszenatorische und erzählerische Qualität der einzelnen Shorts (teilweise könnte man auch von Clips sprechen) ist recht wechselhaft. Zwar kann man keinem Einzigen nachsagen er sei schlecht, doch während manche wahre Kinoqualitäten aufweisen, so kann man anderen das knappe Budget von 5000 Dollar deutlich ansehen. Auch gelingt er vielen in den knapp 3 bis 6 Minuten eine ganze Geschichte zu erzählen, wehrend Andere kaum bis gar keinen Sinn ergeben.

Dazu kommt auch, dass 26 Shorts ohne jede Form von rotem Faden bei einer Gesamtlänge von über zwei Stunden, doch etwas ermüdend sein können. So gelungen die meisten der Kurzgeschichten auch sind, ein konstanter Spannungsaufbau ist so einfach unmöglich, weshalb das Gesamtwerk etwas oberflächlich wirkt und auch kleinere Längen nicht ausbleiben.

Trotzdem kann man über „The ABC´s of Death" mit Fug und Recht sagen, dass es bereits jetzt einer der interessantesten und sehenswertesten Filme des Jahres ist.
Allein die Beiträge von Marcel Sarmiento („D – is for Dogfight"), Timo Tjahjanto („L – ist for Libido"), Lee Hardcastle („T – is for Toilet"),Ben Wheatley ("U- is for Unearthed") Kaare Andrews ("V – is for Vagitus"), Xavier Gems ("X – is for XXL") und Jason Eisener ("Y – is for Young Buck") machen das Anschauen allemal sehenswert. So kann man dem komplett in Zeitlupe und Videoclipoptik inszenierten "D – is for Dogfight" als Inbegriff filmischer Perfektion bezeichnen, während „L – for Libido" ein skurriles, aber nicht minder perverses Gegenstück zu „A serbian Film" bildet und Gems in „X – is XXL" seinem Namen alle Ehre macht und den Schlankheitswahn bis über die Schmerzgrenze hinaus einen Spiegel vor hält.
Doch auch an Witz und sprichwörtlichen WTF-Momenten mangelt es nicht. So dürfte das japanische Furz-Armageddon in „F – is for Fart", in dem sich hübsche Japanerinnen gegenseitig, aus lesbischer Liebe her, vergasen, so manchen Zuschauer mit offener Fressluke zurücklassen, genau wie animierte „K – is for Klutz" in dem eine Frau von ihrer eigenen Kacke gekillt wird, oder der thematisch ähnliche Knetgummi-Schocker „T- is for

Toilet", in dem es ein Junge mit dem fiesen Klomonster zu tun bekommt. Und das sind nur ein paar der Beispiele für abseitigen Humor, der in „W – is for WTF?!" mit Clown-Zombies, Amazonen und mit Lasern schießenden Walrossen seinen Höhepunkt erreicht.

Dabei kommen übrigens auch die Gorehounds kein Bisschen zu kurz, denn die meisten der Kurzfilme geizen auch nicht, wenn es um das Vergießen des roten Lebenssafts geht,

FAZIT: Blut, Scheiße, Babys tötende Roboter, Sex, Tod und Wahnsinn... „The ABC´s of Death" bietet all das und noch viel mehr. Ein kunstvolles Mosaik des Horrors, das neben der Befriedigung niederer Lüste auch zum Lachen und öfters zum Nachdenken anregt, und dabei zu keinem Augenblick langweilt. Ein kleines Meisterwerk moderner Horrorkunst. Sozusagen der Twitter unter den Horroranthologien. **9 von 10 Punkte.**

PROGNOSE: Eine FSK:ab18-Freigabe dürfte, trotz einiger grenzwertiger Inhalte, ob des künstlerischen Anspruchs des Gesamtwerks, durchaus drin sein.

DEATH RACE 3: INFERNO

DER FILM: Nach seinem fatalen Unfall, für den Rest der Welt (seine Crew eingeschlossen)für tot erklärt, ist der verurteilte Cop-Killer Carl Lucas, (krankheitsbedingt wieder mit chirurgisch rekonstruierten Gesicht) maskiert als Publikumsliebling Frankenstein, beim Gefängnisrennen „Death Race", nur noch einen Sieg von der Freiheit, für sich und seine Freunde, entfernt.
Doch hinter den Kulissen taucht ein neuer Spieler auf. Der gewissenlose und gefährliche Niles York übernimmt die Kontrolle über die Spiele und will aus „Death Race" ein Franchise machen und gigantische Events rund um die Welt austragen.
Das erste große Rennen findet in den Wüsten und Townships Süd Afrikas statt.
Kontrolliert werden die Spieler durch implantierte Sender. Wenn Einer versucht zu fliehen, wird ihm mit intelligenten Zielsuchraketen der garausgemacht.

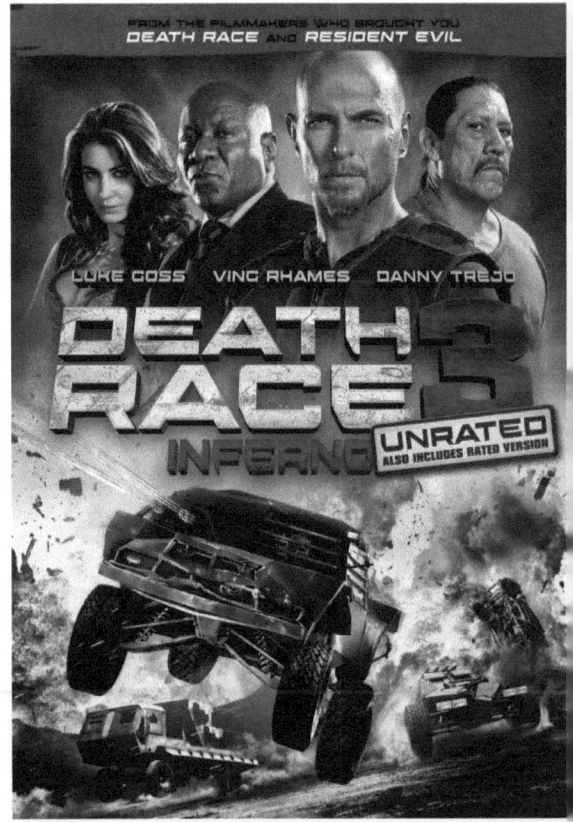

Doch für Carl Lucas gibt es ein weitaus größeres Problem.
Denn, damit York´s hochtrabende Pläne aufgehen, muss Frankenstein den Spielen erhalten bleiben und das Rennen verlieren...

KRITIK: *DIM THE LIHGTS. THE CRANAGE IS ABOUT TO BEGINN!!!...*

Und hiermit begrüße ich euch zu unser Review des nunmehr dritten (chronologisch gesehen zweiten) Teils des dystopischen Auto-Gemetzels, basierend auf dem kultigen 70er-Trasher von Roger Corman.

ein Prequel für den Heimkinomarkt. „Death Race 2" wurde geboren, und spaltete sogleich die Fangemeinde. Kein Statham, statt dessen der uncharismatische Billig-Look-a-Like Luke Goss, budgetbedingt weniger Action und statt

Action, heiße Girls, und dank dem hier vorgestellten Vorgänger des „Death Race", dem „Death Match", sogar einen etwas höheren Gewaltgrad. Auch konnte sich die Besetzung mit Sean Bean, Ving Rhames und Danny Trejo in Ne-

War der erste Teil noch für die Kinos produziert und dort dank Hauptdarsteller Jason Satham und saftiger Auto-Action auch ein Erfolg, so war man sich bei Universal dann doch nicht ganz sicher, ob sich so was mit einer Fortsetzung auf der großen Leinwand wiederholen ließe.

Daher entschloss man sich, statt einer Fortsetzung für die Lichtspielhäuser, für

einer dreckig-finsteren Atmosphäre, ein viel zu sauberer Hochganzlook verprellten so manch ahnungslosen Fan, der hier tatsächlich gleichwertige Qualität wie in der Kinovorlage erwartete.
Dabei war der Film für eine DTV-Produktion alles andere als schlecht, auf durchaus anschaubaren Niveau produziert und bot eigentlich Alles, was schon den ersten Teil ausmachte. Coole Auto-

benrollen durchaus sehen lassen, und Langeweile kam sowieso zu keinem Augenblick auf. Kein Wunder also, dass der Wechsel von der Leinwand, aufs Heimmedium ein Absoluter Erfolg war und somit dem hier besprochenen dritten Teil ermöglichte.

Und dieser ist nun sogar noch ein deutliches Stück besser geraten, als sein direkter Vorgänger.

Inhaltlich eigentlich wieder ein Aufguss der Vorgängerfilme, profitiert dieser Teil vor allen Dingen von dem Location-Wechsel in die Wüsten und Townships Südafrikas, durch welchen sich die Todesrennen nun deutlich abwechslungsreicher gestalten ließen. Auch hat Regisseur Roel Reiné (auch schon für Teil 2 verantwortlich) diesmal auf einen deutlich dreckigeren Look gesetzt, weshalb die Atmosphäre wieder eher, der es ersten Teils entspricht. Sogar etwas grimmiger könnte man meinen. Denn es geht teilweise extrem kaltschnäuzig zur Sache.

Insgesamt wurde auch der Gewaltgrad wieder etwas erhöht. Neben einem höheren Bodycount, gibt es diesmal auch explodierende und in Brand gesteckte Körper, aufgespießte Gesichter und allerlei andere Bluteffekte zu bewundern, bei denen überraschend selten auf CGI gesetzt wird.

Auch die, meist in Zeitlupe, regelrecht zelebrierten Autostands wirken weitaus aufwändiger und wurden zudem noch mit bombastischen Pyro-Effekten gewürzt. Dazu gibt es dann auch wieder ein „Death Match", bei dem sich diesmal die (wieder absolut knackigen) Damen der Schöpfung gegenseitig mit allerlei mittelalterlich anmutenden Waffen, im Gladiatorenkampf, an die Gurgel gehen dürfen.

Was die Besetzung angeht, hat man weitestgehend wieder auf die Schauspieler des Vorgänger besetzt. Einziger wirklich erwähnenswerter Neuzugang ist Schotte Dougray Scott („Hitman", „Day oft he Triffids", der hier als Oberbösewicht ein herrlich überhebliches Arschloch abliefert.

Die Story selbst, ist (wie bereits erwähnt) lediglich ein Aufguss der vorherigen Filme, der als Lückenfüller zwischen der wuchtigen Action fungiert; funktioniert aber trotzdem bestens und lässt keine Langeweile aufkommen. Zudem sei nochmal klargestellt, dass „Death Race 3: Inferno" (wie die Anderen auch) ein purer Bierdosenfilm ist, auch zu keinem Augenblick mehr sein will und auch den nötigen Schuss Humor nicht vermissen lässt.

So darf u.a. unser aller Liebster Buddy Tanny Trejo (der hier auch deutlich mehr gefordert wird, als im zweiten Teil) a la „Machete" seine mexikanischen Verführungskünste an einer Krankenschwester demonstrieren, was überaus köstlich mitanzusehen ist.

FAZIT: Der bisher härteste und sogleich spaßigste Teil der Reihe. Ein deftiges und grimmiges Auto-Gemetzel, mit fantastischer Action und spektakulären Stunts. Für einen sinnentleerten Abend mit Bier und den Kumpels genau das Richtige. **8 von 10 Punkte.**

FREIGABE: Obwohl es deutlich deftiger zugeht als im, mittlerweile indizierten, zweiten Teil zugeht, hat „Death Race 3: Inferno" von der FSK unzensiert den roten Flatschen erhalten. Wobei wir hierzulande sogar noch die Unrated-Fassung erhalten haben.

JOHN DIES AT THE END

DER FILM: Die zwei Dudes Dave und John sind übersinnliche Exorzisten. Mit vereinte Kräften, und der gelegentlichen Hilfe eines TV-Predigers, kümmern sie sich um alles Mögliche para(undnichtso)normales Gesocks und senden es zurück in die Hölle, oder die entsprechende Zeit, oder Dimension in das es gehört…

Das alles begann, als die Beiden bei einem Konzert mit einer seltsamen (offenbar ein Eigenleben besitzenden) Droge, genannt Soja Soße, in Kontakt kamen. Dadurch kam zwar auch John ums Leben, doch immerhin, konnten sie durch die damit einhergehende veränderte Wahrnehmung eine heimliche Invasion aus einer anderen Dimension aufdecken…

KRITIK: Oh man…
Es gibt so Filme, die sind zwar nicht schwer zu bewerten, weil man von Anfang an von ihnen begeistert ist; zu sagen woher diese Begeisterung aber nun tatsächlich rührt ist dafür dann aber umso schwieriger.
„John dies at the End" ist ein waschechtes Musterbeispiel dafür.
Nicht etwa, weil es genau so viele Faktoren an dem Film auszusetzen gibt, wie sie für ihn sprechen (tatsächlich gibt es hier kaum etwas, dass man kritisieren kann); sondern weil „John dies at the End" so abgefahren und zugleich komplex ist, dass selbst ich mich immer wieder frage, ob ich kapiert habe, was da überhaupt abging.

IT´S A DON COSCARELLI

Zunächst aber mal zu den positivsten Eigenschafften und dem klarsten Grund, wieso sich wirklich jeder Freund des fantastischen Horrors, diesen überaus eigensinnigen Trip reinziehen sollte…
Es ist ein Don Coscarelli Film! Der passionierte B-Movie Regisseur hat mit der „Phantasm"-Reihe und „Bubba Ho-Tep" gleich zwei Kult-Titel in seiner relativ überschaubaren Vita und steht bei seinen Fans für gepflegte und auch gewitzte Unterhaltung… und was das Angeht werden seine Fans auch hier nicht enttäuscht.
Basierend auf dem gleichnamigen Comic von David Wong, fackelt er hier (auf überaus guten B-Movie-Nieveau) ein kafkaeskes Fantasy-Horror-Feuerwerk ab, das von (überwiegend sehr schick in Szene gesetzten) Zombies, über schleimige Riesenwürmer, Monsterspinnen, Geister, bis hin zu einem reanimierten Haufen Grillfleisch und einem einäugigen Megamonster nahezu alles zu bieten hat, was das Horrorgenre hergibt und eine schräge Idee nach der Anderen raushaut. Sei es eine Türklinke, die sich in einen Penis verwandelt, das Telefonieren zwecks Hot Dog oder ein Fliegender Schnauzbart, der zum Angriff bläst.

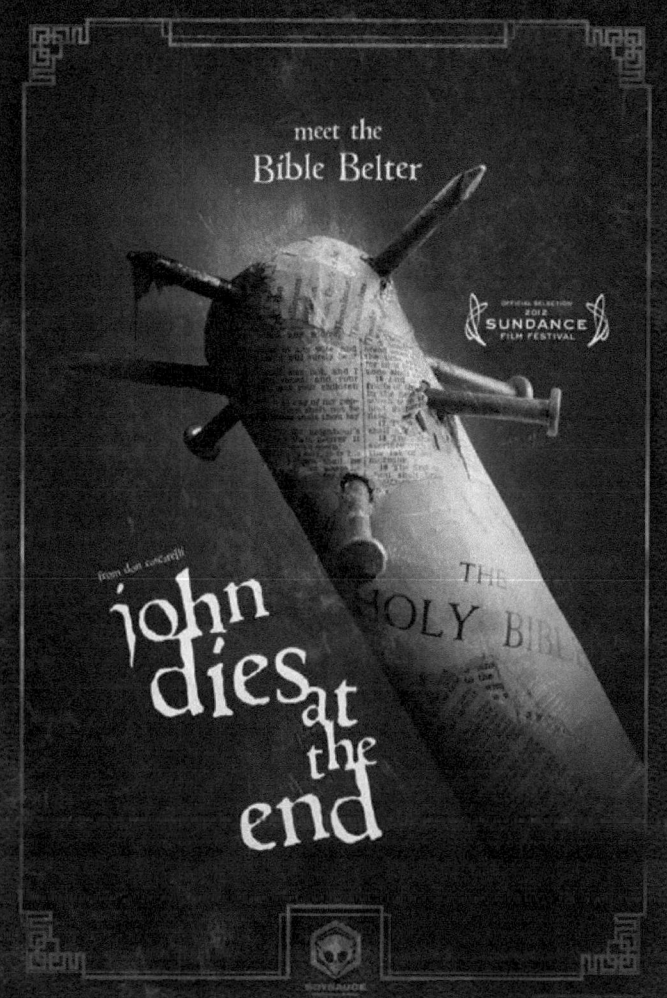

Besonders Fans der „Phantasm"-Reihe, werden sich bei letzterer, saukomischer Szene richtig heimisch fühlen, wenn ein Zombie Dave Angreift und sogar seine abfallenden Körperteile sich überaus angriffslustig zeigen.

DUDE WO IST MEINE SCHROTFLINTE?

Überhaupt ist saukomisch das Stichwort und man darf „John dies at the End" keinen Augenblick lang ernst nehmen, weil der Film es auch nicht tut.
Der Film ist im Grunde eine launige, gelegentlich schwanzhumorige und überaus comichafte Horrokomödie, die man wohl am einfachsten als Mischung aus „Supernatural" und „Fear and Louthing in Las Vegas"
und einem Schuss David Cronenberg bezeichnen könnte.
Der Tenor ist über die gesamte Laufzeit locker und wird nur gelegentlich von finsteren, meist aber ins Absurde ausufernden Horrormomenten unterbrochen. Zwar hält sich die Spannung eher auf mittleren Niveau und auch in Sachen Gewalt geht es (trotz kleiner Splatter-Einlagen) eher behäbig zu, doch Langeweile kommt zu keinem Augenblick auf, dafür ist die Handlung einfach zu wendungsreich, dynamisch und abwechslungsreich.
Hier könnten aber gerade Freunden einfacher Kost doch ein leichtes Problem bekommen.
Denn man hat auf knapp 100 Minuten so viel rein gepackt, dass das man bei der ohnehin absolut durch-

geknallten Story nur schwerlich kapiert, was überhaupt abgeht.
Die Handlung wird gegen Ende nicht nur in eine andere Dimension verlegt, sondern sie spielt sich zuweilen sogar auf unterschiedlichen Zeitebenen ab – was aber auch zu einigen echt cleveren Szenen führt, wie etwa

der fantastische Cast, allen voran die beiden Hauptdarsteller Chase Williamson, als geradliniger Dave, und Rob Mayers, als dauerverpeilter John, die den Zuschauer durch das Übernatürliche Chaos führen. Die beiden ziehen die Nummer so locker, cool und entspannt über die Bühne, dass sich die gute Laune direkt

eine Kugel, die dank einer Fliege in der Fabrik, nicht richtig funktioniert.

DA IST JA DER GROSSE!!!

Aber selbst, wenn man nicht alles kapiert, wird das Gucken von „John dies at the End" kaum als verschwendete Zeit angesehen werden. Dafür allein sogt

auf den Zuschauer überträgt.
Doch auch die wichtigen (und nicht so wichtigen) Nebenrollen wurden vorzüglich besetzt.
Sei es Paul Giamatti („Shoot em up"), als skeptischer Reporter der noch sein blaues Wunder erlebt, Glynn Turman („Gremlins") als zwielichtiger und scheißwütiger Cop, Clancy Brown („Starship Troopers") als abgebrühter Dr. Marconi oder (der Tall Men persönlich)

Angus Scrimm als Priester (nur um mal die wichtigsten zu nennen); jeder macht hier einen echt klasse Job und ist mit ganz viel Spielfreude bei der Sache.

FAZIT: Ein abgefahrener, perfekt inszenierter, vor schrägen Einfällen und Coolnes nur so strotzender Wahnsinnsmix aus „Supernatural", „Men in Black" und „Fear and Louthing in Las Vegas" mit einem großartig aufgelegten Cast und tollen Effekten, der einfach nur Spaß macht.
8 von 10 Punkte.

PROGNOSE: FSK:ab16 und ungeschnitten.

THE MILLENNIUM BUG

DER FILM:
Silvester 1999...
Weil so ein Jahrtausendwechsel ja etwas besonderes ist, entschließt sich Byron Haskin, samt Frau und Teenager-Tochter, für einen Ausflug in die Sierra Diablos Mountains, um beim gemeinsamen Campen ins neue Jahr zu feiern – und nebenbei auch noch der Y2K-Histerie zu entkommen.
Blöd nur, dass sie sich ausgerechnet in die Nachbarschafft einer degenerierten Hinterwäldler-Familie verirren und diese, zwecks Frischzellenkur, neue Frauen für die Fortpflanzung brauchen.
Und wäre das schon nicht genug; so gibt es gleich um die Ecke einen gigantischen Monsterkäfer, der alle tausend Jahre, zum Eier legen, aus der Erde steigt und Frischfleisch für seinen Nachwuchs braucht.

KRITIK: Ich weiß, das Wort Oldschool wird sehr inflationär gebraucht und auch ich schwärme etwas öfter (und ab und zu übertrieben) davon, wie 80er ein Film doch ist.
Doch glaubt mir in diesem Fall, dieser Film ist total 80er und ich hätte (gleich nach den Betrachten zumindest) Regisseur und Spielfilm-Debütant Kenneth Cran den ungewaschenen Hintern küssen können.
Denn was der gute Mann und sein Team von No-CGI hier abgeliefert haben, ist (in vielerlei Hinsicht) blanker Wahnsinn in bester 80er-Manier.

A ... H A N D J O B !!!
Das fängt schon damit an, dass die Produktionsfirma NO CGI ihrem Namen alle Ehre macht und tatsächlich hält, was der Name verspricht.
Hier bezieht sich das Wort Handarbeit nicht nur auf die sehr schick geratenen Goreffekte, sondern auf sprichwörtlich alles, was auch das Monster und sogar einen ganzen Wald einschließt.
Ja, es ist nicht einfach ein Filmteam, wie üblich, mal schnell nach Kanada ins Grüne gesaust, man hat extra für den Film eine wirklich beeindruckende Waldkulisse (im Miniatur- und 1:1-Format) aufgebaut, die nicht nur sehr schön anzuschauen ist, sondern „The Millennium Bug" eine unglaublich dichte Atmosphäre verleiht, die in ihrer surrealen Künstlichkeit stark an

Tobe Hoopers (ebenfalls komplett im Studio entstanden) „Eaten Alive" aka „Blutrausch" erinnert – oder an Disney´s „Die Dinos", wenn man denn so will.
Für das titelgebende Monster wiederum, hat man sich etwas ganz Besonderes einfallen lassen und einfach einen Kerl in eine Kostüm gepackt, dies aber noch mit Marionetten-Effekten kombiniert, weshalb der Millennium Bug schlussendlich auch aussieht wie eine verstrahlte Missgeburt aus der Augsburger Puppenkiste, die dann in bester Godzilla-Manier alles kurz und klein haut , wehrend seine Sprösslinge als Puppeneffekte den Waldboden unsicher machen. Man muss es gesehen haben, um es zu glauben.

HILLBILLYS FROM HELL

Aber bis es, in der zweiten Filmhälfte, so weit ist, bekommt man auch reichlich Grund seinen Augen nicht zu trauen. Denn bis dahin wird ein Backwood-Horror-Mayhem abgefeiert, wie es die Welt noch nicht gesehen hat.

Zusammengeschustert aus nahezu allen Stereotypen der Filmgeschichte, sorgt hier eine liebenswert unsympathische und total durchgeknallte Inzucht-Sippe für Terror und Belustigung.
Irgendwo zwischen den Sawyers („Texas Chainsaw") und den Beverly Hillbillys, haben diese nichts anderes als die Erhaltung ihrer Art im Sinn, treiben es untereinander miteinander, entsorgen ihre Missgeburt-Babys im Wald und halten sich einen kannibalischen Mutanten im Verschlag unterm Schuppen.
Dabei sind diese auch noch so überzeichnet böse und tumb geraten, dass man deren Darstellung schon fast als Persiflage auf das Genre bezeichnen kann; was allerdings auch nahtlos zum comichaften Stil des Films passt.
Genau so, wie die obligatorischen Opfer vertreten durch die Familie Haskin, die Regelmässig aus der ihr vorbestimmten Rolle entschlüpfen und selbst auf rabiate Weise für so manches Opfer unter den notgeilen Missgeburten sorgen.
Wobei auch alle der überwiegend unbekannten Darsteller einen guten Job machen, auch wenn die Rollen der Hillbillys, doch etwas mehr Gelegenheit bekommen sich darstellerisch hervor zu tun.

BLUT IST DICKER ALS WASSER
Und natürlich darf bei einem anständigen Backwood-Horror die nötige Portion Gewalt und Gekröse nicht fehlen. Hier überrascht „The Millennium Bug" dadurch, dass er nicht zu den Härtesten seiner Zunft gehört, was gar nicht am Fehlen, durchaus zahlreich vorhandener, derber Szenen liegt, sondern dass der Film, entgegen des allgemeinen Trends, sich in Sachen Folter und psychischen Terror zurück hält.
So gibt es hier kaum bis gar keine Folterszene und auch in Sachen sexueller Gewalt bleibt es nur bei Andeutungen, bzw. der Gefahr, dass es geschieht.
Statt dessen setzt Cran lieber auf derbe überspitzte Geschmacklosigkeiten, wie etwa eine explizit gezeigte Geburt bei Abendessen, missgebildete Nippel und die Inzest-Thematik.
Gewürzt wird das Ganze dann noch mit einigen explizit deftigen Goreeinlagen, wie einen zerschossenen Kopf, abgerissenen und abgebissenen Gliedmaßen und noch einigen anderen Schweinereien, die über die ganze Lauflänge verstreut wurden.
Dabei bleibt das Tempo des Films konstant hoch und auch der Spannungspegel ist auf guten, wenn auch nicht überragenden Niveau.

FAZIT: Durchgeknallter und extrem spaßiger Monster-Backwood-Trash mit ganz viel Liebe zum Detail und tollen Effekten, der das Herz jedes Fans guter alter Handarbeit zum erstrahlen bringt. **8,5 von 10 Punkte.**

PROGNOSE: Könnte noch mit knapper Müh und Not bei der FSK durchkommen.

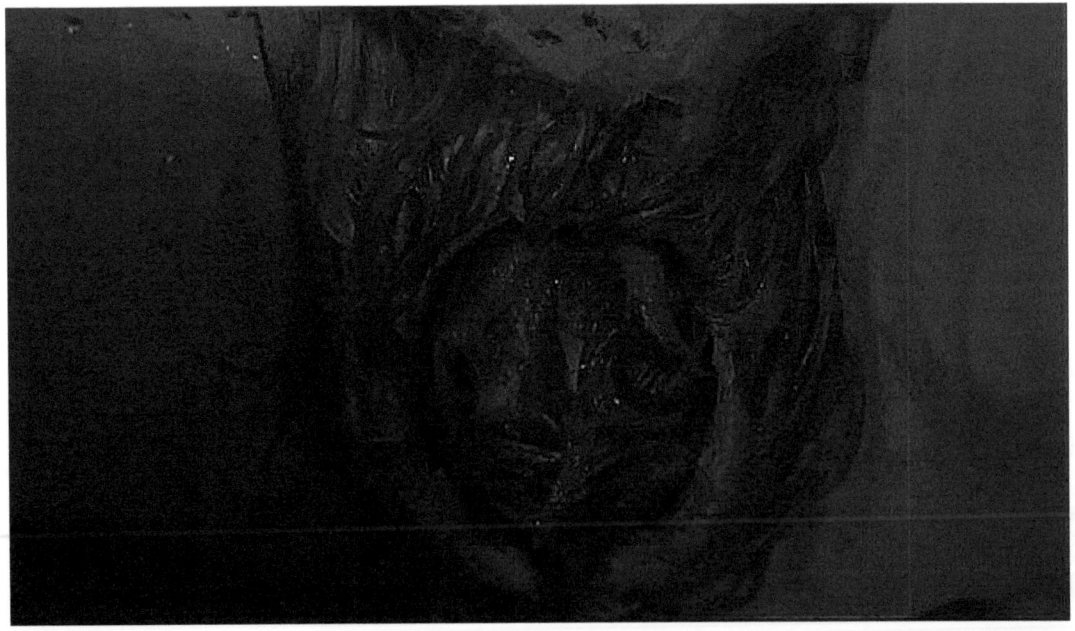

ABGEFERTIGT
WAS UNS SONST NOCH DIE NETZHAUT VERSTRAHLTE

KILL EM ALL

DER FILM: Sie sind extrem gefährlich und die besten auf ihrem Gebiet. Acht internationale Top-Profi-Killer werden vom mysteriösen Snakehead und seiner Organisation entführt und in einem speziell präparierten Raum dazu gezwungen gegeneinander, auf Leben und Tod, zu kämpfen. Wer nicht mitspielen will, wird ausgeschaltet.
Doch sie wären nicht die Besten der Besten, wenn sie sich das ohne Wiederstand gefallen lasen würden...

KRITIK:
Na, Lust auf sinnbefreiten Actiontrash, der rockt wie Nachbars Lumpi auf Kocks?
Dann seid ihr bei „KILL EM ALL" genau richtig. Denn dieser dreckige B-Movie-Bastard, irgendwo zwischen „Battle Royale", „The Tournament" und „SAW" (no shit!), hat es in sich!
Für klammes Geld, dafür aber mit einem sehr kompetenten Team, inszenierte hier Action-Handwerker Raimund Huber („Bangkok Arenalin") in einer verfallenen Fabrik in Thailand ein Klopper-Spektakel, das sich gar nicht erst um solche Belanglosigkeiten wie Sinn und Realismus bemüht, sondern von der ersten, bis zu letzten Minute auf knochenharte und wunderbar choreographierte, brachial brutale Prügel-Action setzt, die zuweilen an die Filme von Isaac Florentine („Undisputed 2 – 3"), oder HK-Trasher wie „Karate Tiger 2" erinnern.
Zudem konnte Huber auf einen überaus sympathischen und kampferprobten Cast zurückgreifen. Allen voran HK-Legende Chia Hui Liu („Die 36 Kammern der Shaolin"), der hier den herrlich überzogenen Bösewicht gibt und im Endkampf noch mal ordentlich zeigen darf, was alles in den alten Knochen steckt.
Doch auch der Rest ist nicht zu verachten. Die eher unbekannte Hauptdarstellerin Ammara Siripong („Choclate") ist ein sexy Asia-Amazonen-Schnittchen, wie es im Buche steht und lässt sich in Sachen Kampfkraft nicht die Butter vom Brot nähmen, genauso wie Berufs-Schläger Tim Man („ Street Fighter: The Legend of Chun-Li „), und B-Movie Haudegen Joe Lewis („Jaguar lebt!").
Dazu gibt es dann auch noch den amerikanischen Quoten-Held Johnny Messner („Belivers", „Tränen der Sonne"), der zwar sichtbar keinerlei Kampsporterfahrung hat, sich dafür aber trotzdem mit Muskelkraft, wie ein Hulk Hogan, durch die Gegnerhorden prügeln darf.
Und wo gerade von Gegnerhorden die Rede ist. Der Bodycount von „KILL EM ALL" ist beachtlich.
Erinnert der Anfang allen Ernstes noch mit seiner schmutzigen Kammer an den ersten „SAW" mit Prügeleinlagen, so lässt der böse Sneakhead ab der Flucht in der zweiten Hälfte zu dutzenden seine Freaks los, welche dann auch zugleich auf unterschiedlichste Weise ins Jenseits verfrachtet werden. Es wird gekloppt, dass die Knochen brechen und geschlitzt, dass die Macheten qualmen.
Dabei fließt zwar nicht viel Blut; brutal ist das Gezeigte aber allemal.
Der Härtegrad selbst, ist anhand des total überzogenen und comichaften Tenors auf mittleren Level. Gleiches gilt für die Spannung, was aber durch den sehr hohen Fun-Faktor kompensiert wird.

A pro po Fun-Faktor: Unter den entführten Killern gibt es auch einen Deutschen. Der heißt Schmitt, hat zweifelhafte politische Ansichten und ist dumm wie Stroh!

FAZIT: „KILL EM ALL", ist eine astreine comichaft-überzogene Prügel-Gaudi in bester B-Movie-Manier. Perfekte Unterhaltung für Freunde altmodischer Kampsportfilme der 90er, die vor allen Dingen durch die fantastisch choreographierten Fights begeistert, aber auch sonst alles richtig macht. Ein Bierdosen-Film vom Feinsten.
7,5 von 10 Punkte.

PROGNOSE: Eine unzensierte 18er-Freigabe sollte auf jeden Fall drin sein.

DER FILM: Seid seine schwangere Frau, vor seinen Augen, von einer mysteriösen Jugendbande ins Koma geprügelt wurde und mit einer infizierten Spritze gestochen wurde. Leidet der junge Vater Tommy unter schwerer Agoraphobie und ist deshalb mit der Aufzucht des gemeinsamen Babys überfordert.
Das verschlechtert sich umso mehr, nachdem Tod seiner Frau.
Nun scheinen die mysteriösen Jugendlichen wieder hinter Tommy und seiner Tochter her zu sein. Doch handelt es sich bei den in Kapuzenpullis gehüllten Bestien überhaupt um Menschen?
Ein verschrobener Priester scheint mehr zu wissen.

KRITIK: Das Grauen lauert vor der Haustür, und es ist Real!
Sollte man sich nach dem Anschauen des Spielfilm-Debüts des Iren Ciaran Foy tatsächlich noch fragen, was das Ganze soll, dann ist es genau diese Aussage, die der Film uns vermitteln will und sogleich das eigene Jugend-Trauma des Regisseurs aufarbeitet, welcher auf dem Heimweg vom Kino von einer Jugendgang in Kapuzenpullis überfallen und aufs Übelste zusammengeschlagen wurde.
Und nach dem Betrachten des Films kann man überaus gut nachempfinden, was der Gute durchgemacht und zu verdauen hatte. Denn „Citadel" ist ein extrem intensiver, hintergründiger, auf Film gebannter Alptraum, der keinen kalt lässt, und trotz seiner Fantasy-Elemente erschreckend real wirkt.
Trostlose, apokalyptisch anmutenden, menschenverlassene Vororte, ein Protagonist, so ohnmächtig vor Angst, dass er einem nur leidtun kann und zombiehafte Kinderbestien, deren Geschichte erschreckende Parallelen zur Verrohung der urbanen Jugend in sozialen Brennpunkten aufweist.
Auch wenn hier Logik nur eine untergeordnete Rolle spielt, so ist die Geschichte um den diesen Alptraum ausgesetzten, jungen Vater so intensiv-atmosphärisch inszeniert und vorzüglich von Hauptdarsteller Aneurin Barnard (The Facility) gespielt, dass sich das Grauen des Films, der stilistisch gelegentlich an Cronenbergs „Die Brut" erinnert, unbarmherzig auf den

Zuschauer überträgt und wie eine Salve von Fausthieben in die Magengrube anfühlt. Wodurch dann auch die wenigen, aber durchaus blutigen Gewaltszenen umso härter erscheinen.

FAZIT: Atemberaubend intensiver Horror, der sich paradoxer Weise, trotz seines surrealen Anstrichs unglaublich real anfühlt. Ein urbaner Alptraum, der keinen kalt lässt. **8,5 von 10 Punkte.**

PROGNOSE: Könnte ungeschnitten sogar mit FSK:ab16 durchkommen. FSK:ab18 ist auf jeden Fall drin.

DJANGO: UNCHAINED

DER FILM: Weil der Kopfgeldjäger Schultz den Sklaven Django, zur Identifizierung von drei Flüchtigen braucht, befreit er ihn in einer Nacht- und Nebelaktion aus den Händen seiner gegenwärtigen Besitzer.
Er unterbreitet ihm ein Angebot. Wenn Django bei der Tötung der Flüchtlinge hilft, bekommt er seine Freiheit wieder.
Das Ganze verläuft so gut, dass Schultz Django zum Kopfgeldjäger ausbildet. Die beiden Männer werden Partner und schließlich Freunde. Und der gutherzige Schultz verspricht Django schließlich, ihm zu helfen, seine noch in der Sklaverei befindliche Frau Brunhilde zu befreien.
Ein überaus gefährliches Unterfangen. Denn die, durch ihre Schönheit und Deutschkenntnisse, sehr kostbare Sklavin befindet sich im Besitz des mächtigen und bösartigen Calvin Candie auf seiner berüchtigten Plantage „Candyland".

KRITIK: Ja, es ist schon fast ein Sakrileg von diesem Film nur eine Kurzreview abzuliefern.
Aber scheiß drauf. Es ist ein Quentin Tarantino Film; und Jeder der nur halbwegs etwas von der Materie Film versteht, der weiß, dass ihn hier an cineastische Üppigkeit, handwerkliche Perfektion und ausschweifende Detailliebe (wie sie nur von einem Mega-Nerd wie dem Tarantino stammen könnte) erwartet.
Das, die Tatsache, dass ihr den Film wahrscheinlich sowieso schon im Kino gesehen habt und (wenn nicht) wir euch auch nicht des Vergnügens dieser Audio-Visuellen-Entdeckungstour berauben wollen, sind (neben der Gemütlichkeit des Autors dieses Beitrags) die Gründe, weshalb wir uns bei dieser Rezension nur auf die absolut größten Positivpunkte, dieser durchweg perfekten und uneingeschränkt empfehlenswerten Spagetti-Western-Hommage, beschränken werden.
Zum Einen seien hier die Performances von Christoph Waltz, Leonardo DiCaprio und Samuel L Jackson genannt.
Klar, die Besetzung ist ohnehin absolut hochwertig und hat sogar Ur-Django Franco Nero zu bieten; doch was Spielfreude anbelangt, so liefern die Drei Leistungen ab, wie man sie selbst im Ensemble-Kino selten zu sehen bekommt.
So liefert Walz mit seinen Schulz einen so unglaublich liebenswerten Protagonisten, dass man wirklich jede Sekunde seiner Performance genießt, und sich mehr wünscht. Seine, inzwischen auch wieder mit dem Oskar gekrönten, Leistungen sind vergleichbar mit denen aus „Inglourious Basterds", nur dass sein von Grund auf guter Charakter noch mal eine ganze Schippe liebenswerter daher kommt.
Ganz im Gegenteil zu den von DiCaprio und Jackson verkörperten Antagonisten, die wunderbar hassenswert daher kommen. Sei es Dicaprio, als menschenverachtender Sklavenhändler, oder Jackson, als fleischgewordener Onkel Tom; die Bei-

den sind einfach großartig. Kein Wunder, dass da der Jamie Foxx (absolut unverdient) einen etwas farblosen Eindruck macht.

Ein weiterer Grund weshalb besonders Leser unseres Magazins sich „Django Unchained" anschauen sollten, ist ganz einfach, dass es Tarantinos zweit-blutiger Film seid „Kill Bill Vol.1" ist. Jeder Einschuss geht mit einer übertriebenen Blut-Explosion einher, und dass Finale, in dem dann nochmal richtig die Post abgeht, lässt die jugendfreie 16er der FSK mehr als zweifelhaft erscheinen.

FAZIT: Ganz großes Kino und uneingeschränkt empfehlenswert! Selbst für Western-Muffel!

10 von 10 Punkte.

FREIGABE: Ungeschnitten mit FSK:ab16.

DEAD SHADOWS

DER FILM: Als Chris noch ein Kind war, wurden seine Eltern an jenem Tag brutal ermordet, als der Halleysche Komet am Himmel erschien. Nun, 11 Jahre später, ist es wieder soweit. Ein weiterer Komet wird am Himmel zu sehen sein. Während allerorts deswegen eine große Kometen-Party steigt, bereitet sich Chris auf den Ausnahmezustand vor. Als die Nacht hereinbricht und der Komet erscheint, fangen die Leute an sich merkwürdig zu verhalten. Bald schon bricht eine Welle der Gewalt los und die Menschen mutieren zu Wesen, die nicht von dieser Welt sind. Für Chris beginnt eine Nacht des Grauens und des Sterbens. (Amazon.de)

KRITIK UND FAZIT: Hm, ich erinnere mich, es ist noch gar nicht so lange her, da waren die Franzosen die große Hoffnung der Horrorgemeinde, wenn es um blutige Unterhaltung der besonders edlen Sorte ging. Ja, das waren noch schöne Zeiten, als Filme wie „High Tension", „Martyrs", „Inside" und „Frontiers" Kritikern ein Grinsen ins Gesicht und einen Ständer in die Hose zauberten und die deutschen Jugendschützer auf die Palme brachten...

Nun ja, in den vergangenen Jahren kam da nicht mehr viel. Zwar gab es auch den ein oder anderen „netten" Steifen wie zuletzt den bizarren Vampirhorror „Livide", doch der wirklich große Wurf blieb bisher aus.

...Und mit der hier vorliegenden Mutanten-Apokalypse „Dead Shadows" wird sich daran vorerst auch nicht ändern. Denn was David Cholewa in seinem ersten abendfüllenden Spielfilm abliefert, ist zwar handwerklich- und effekttechnisch astreine Arbeit, doch inhaltlich totale Grütze.

Dabei fängt der Streifen überaus vielversprechend und atmosphärisch an. Die Stimmung ist von Anfang an bedrohlich und Spannung wird (trotz überwiegend bekloppter, oder notgeiler Figuren) sofort aufgebaut.

Die eher unbekannten Schauspieler machen ihre Sache gut und die Optik lässt zu keinem Augenblick vermuten, dass es sich hier um ein B-Movie handelt – Das bleibt übrigens auch bis zum Ende so.

Leider aber ist da noch das Drehbuch vom (hier ebenfalls als Autor debütierenden) Vincent Julé, der (offenbar überaus ambitioniert) zwar genug Ideen für locker drei Filme reingepackt hat, aber es nicht verstand das alles auch in eine ordentliche Handlung einzubinden. So geht, kaum das mit dem Mutieren los geht, jede Logik und Continuity flöten. Die Handlung wirkt wahllos, jagt seinen Protagonisten von einer Horrorszene zur nächsten und verzichtet zudem auf jede Erklärung für das Gezeigte. Auch werden viele durchaus brachbare Charaktere viel zu schnell und sinnlos verheizt, wie etwa der herb-kauzige, aber doch heldenhafte Gangster-Nachbar, der letztlich

einzig dazu da ist um Hauptfigur Chris mit Baseball-Schlägern auf die Straße raus zu führen, wo der notorische Schisser dann plötzlich auf einen Schlag (ohne jeden erkennbaren Grund) Mutanten verkloppen kann, wie ein ganz Großer.

Spätestens an die Stelle hat der Film dann aber auch jede Ernsthaftigkeit verloren; was insofern unvorteilhaft ist, weil „Dead Shadows" ohne jeden (freiwilligen) Humor daher kommt und sich absolut ernst nimmt.

Aber immerhin, wenn man ihn denn als Nobrainer und filmisches Fastfood betrachtet, kann man mit jeder Menge guter Effekt wie schmelzenden Gesichtern, herumkriechenden Tentakeln und Monstern, die an Carpenters „The Thing" erinnern, durchaus unterhalten werden; zumal bei einer Lauflänge von knapp 80 Minuten zu keinem Augenblick Langeweile aufkommt, wobei der Goregehalt aber etwas zu gering ausfällt.

Prädikat: Strunzdummer, aber atmosphärischer und kurzweiliger Endzeit-Monster-Trash mit guten Effekten.

5,5 von 10 Punkte.

FREIGABE: Die deutsche Fassung ist mit FSK:ab18 ungeschnitten.

SILENT HILL: REVELATION

DER FILM: Seit es Harrys Frau gelungen ist Adoptivtochter Alessa aus Silent Hill zu befreien (ohne das ihr selbst die Flucht gelang), sind die Beiden ständig auf der Flucht vor den Häschern der in der Geisterstadt gefangenen Sekte. Auch wird Alessa ständig von Alpträumen und Visionen gequält.

Als ihr Vater eines Abends plötzlich verschwindet, sieht sich gezwungen nach Silent Hill zurück zu kehren.
Sie begibt sich auf eine Odyssee ins Grauen...

KRITIK: Da haben wir sie nun, die lang erwartete Fortsetzung zu einer der besten Spieleverfilmungen aller Zeiten. Und leider kann man hier gleich sagen, dass „Silent Hill: Revelation" qualitativ weit hinter dem Erstling bleibt.
Kein Wunder, ist doch Michael J. Bassett („Soloman Kane") kein Christophe Gans, der seinerzeit (zusammen mit Drehbuchautor Roger Avary) mit geradezu akribischer Liebe zum Detail aus den ersten beiden Spieleteilen, eine eigenständige, und trotzdem mit der Vorlage fest verkette Adaption, des Stoffes schuf.
Story, Handlung, Inszenierung (und selbst die 1:1-Übernahme bekannter Szenen) bei der ersten Inszenierung herrschte Perfektion auf nahezu allen Ebenen.
Das Alles geht der Fortsetzung leider gänzlich ab. Allein schon, dass man es sich bei „Revelation" tatsächlich um eine Fortsetzung handelt, zeigt schon das lieb- und mutlose Vorgehen der Macher. Bisher war jeder Teil der Spielvorlage, was die Story angeht, weitestgehend eigenständig.
Und gerade Eigenständigkeit hätte dem Film sehr gut getan. Denn besonders das Drehbuch ist eine einzige Katastrophe, und auch wenn das Ende des ersten Teils viel Interpretationsspielraum gelassen hatte, so ist die Art, wie die Geschichte fortgesetzt wird einfach unlogisch und will keinen richtigen Sinn ergeben, da sie in sich eigentlich abgeschlossen war.
Aber Logik sucht man hier ehe vergebens. Sei es das doch wohl sehr gut laufende Motel direkt am Stadtrand von Siltent Hill, dass man überhaupt inzwischen in die Stadt rein und raus marschieren kann, wie man will; es will einfach nichts so recht passen.
Das gilt auch für die wahllos zusammen gepuzzelt wirkenden Handlunsgelemente, die einzig dazu dienen sollen Hauptfigur Alessa von einem Schreckmoment zum nächsten zu jagen.
Immerhin, was besagte Schreckmomente angeht, sind diese deutlich zahlreicher und auch blutiger als im ersten Teil. Hier werden dann auch wieder einige beliebte Monster und Ideen aus den Spielen aufgegriffen, was zumindest den Fans der Vorlage gefallen dürfte.
Nur leider ist das auch nur ein sehr oberflächlicher Versuch, die bestehenden Drehbuchmängel und das Fehlen eines konstanten Spannungsaufbaus zu kaschieren und alles was zwischendurch kurz an Spannung aufblitzt, kann sich nicht über den Moment hinweg retten, so dass es trotz der holprigen Handlung und kurzen Laufzeit zwischendurch immer zu kleinen Hängern kommt.
Was die Inszenierung angeht, könnte man eigentlich gar nicht meckern, würde es sich bei „Revelation" um eine Fortsetzung für den DTV-Markt handeln. Handwerklich wurde alles ganz solide, und nicht frei von Atmosphäre umgesetzt – nach Kino schaut das aber leider nicht mehr aus. Die Sets sind winzig und selbst die Außendrehs machen eher den Eindruck, als wären sie für den kleinen Bildschirm inszeniert.
Immerhin sind (CGI-)Effekte gut umgesetzt und auch die Darsteller machen ihre Sache (auch wenn sie nicht groß beansprucht wurden) sehr anständig, Adelaide Clemens wurde optisch als Dahalisas Tochter sehr gut ausgewählt und Malcolm McDowell liefert als diabolischer Klapsmühlenbewohner einen klasse Kurzauftritt ab. Einzig Sean Bean macht doch einen etwas verschenkten Eindruck.

FAZIT: Als direkte Fortsetzung eine einzige Katastrophe und als Spielverfilmung nur ein mittelprächtiges und sehr oberflächliches Vergnügen, das eigentlich Nichts im Kino verloren hatte.
Schaltet man sein Hirn aber mal auf Stand-By und ignoriert die ganzen Unzulänglichkeiten, so kann man doch auch (dank netter 3D-Effekte und einiger nette Referenzen an die Vorlage) zumindest auf dem heimischen TV-Sessel mit „Silent Hill: Revelation" etwas Zeit totschlagen. Als durchschnittliches Horror-Fast-Food geht der Film in Ordnung.
6 von 10 Punkte.

FREIGABE: Ungeschnitten mit FSK:ab16-Freigabe.

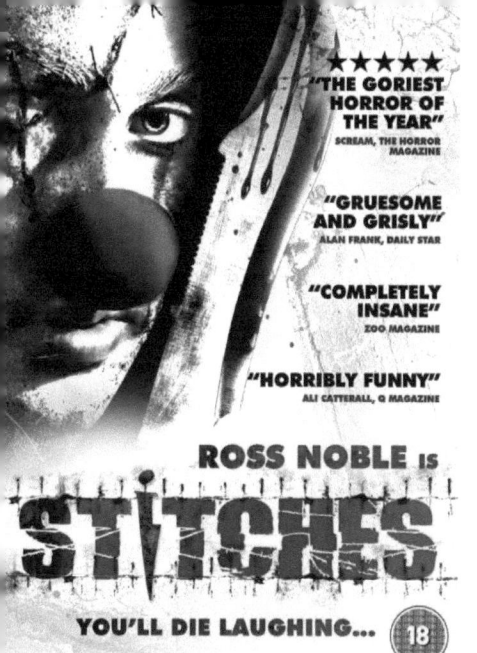

STITCHES – BAD CLOWN

DER FILM: Stitches ist nicht nur ein heruntergekommener Clown, er ist auch ein Arschloch.
Genau das wird ihm bei der Geburtstagsfeier des kleinen Tom zum Verhängnis, als ihm die bösen Kinder seinen lustlosen Auftritt mit einem Streich quittieren, der damit endet, das Stitches sich vor Toms Augen ein Messer aus dem Kopf zieht und tot auf dem Küchenboden niedersackt.
Seither leidet Tom unter Angstzuständen, was ihn und seine Freunde, Jahre später, aber nicht davon abhält eine Party zu feiern.
Unerwarteter Stargast: Der aus dem Grab entstiegene und nach Rache sinnende Stitches!!!

KRITIK UND FAZIT: Ja, schon der gute alte Stephen King wusste, mit Clowns kann man nicht viel falsch machen. Sind die beruflichen Bespaßer doch seit jeher, dank ihres surrealen Looks, irgendwie suspekt, unheimlich und haben mit Coulrophobie sogar einen eigenen Fachbegriff für die krankhafte Angst vor ihnen.
Das hat sich wohl auch der Ire Conor McMahon gedacht, der bereits mit dem Zombie „Dead Meat" ansehnliche Arbeit ablieferte und der Horrorcommunity nun mit „Stitches" einen Party-Splatter erster Güte beschert.
Mit guten, wenn auch hierzulande auch eher unbekannten Darstellern, die mal so gar nicht wie die üblichen Hollywood-Hochglanz-Teens aussehen (und somit durchaus authentisch wirken), einer großen Schippe tiefschwarzen Humor und einen leicht surrealen Look feuert der gute Mann hier ein Gore-Fest ab, dass einem Sehen und Hören vergeht.
Es wird ausgeweidet, ein Schädel mit dem Dosenöffner geknackt, ein anderer mit Luftpumpe zum platzen gebracht, Gliedmaßen abgerissen, Hirn wird entnommen, ein Penis abgerissen, Augen ausgestochen und auf rabiateste Weise die Leben einer Katze verbraucht. Und das alles wird, in feinster Handarbeit und dem Einsatz von Zeitlupe, regelrecht zelebriert!
Da stört es auch nicht, dass die dünne Story und Handlung nach üblichen Slasher-Mustern verlaufen; man merkt es eigentlich nicht.
Auch und besonders wegen des launigen Spiels von Ross Noble, als garstig-grimmiger Stitches, der als versoffener Bruder von Pennywise durchgehen könnte und den man hoffentlich irgendwann in einem würdigen Sequel wiedersieht. Fun-Splatter, wie es sich gehört. **8 von 10 Punkte.**

FREIGABE: Überraschender Weise hat der Film unzensiert von der FSK das rote Sigel erhalten.

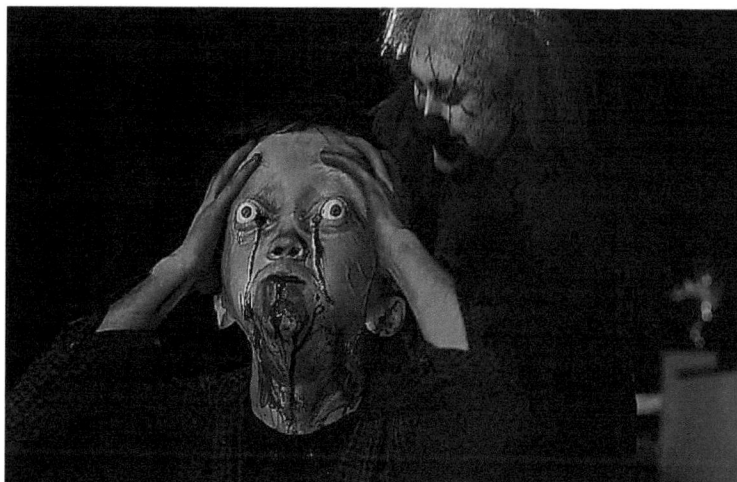

THE SLEEPER

DER FILM: Es ist 1981 und noch feiern die Mädels der Studentenverbindung Alpha-Gamma-Theta und erfreuen sich ihres Lebens. Keine von ihnen ahnt, dass ein geisteskranker Irrer es auf die Mädels abgesehen hat, und die vermeintlichen Scherzanrufe tatsächlich Mordankündigungen sind.
Schon bald fällt Eine nach der Anderen, dem überaus einfallsreich agierenden Killer zu Opfer...

KRITIK UND FAZIT: Pssst...komma her...aber leise...
Hast schon von dem gehört? „The Sleeper" voll der krasse Slasher. Wurde bei uns schon voll verboten, bevor er es überhaupt nach Deutschland geschafft hat. Muss du gesehen haben!...
Ja, so, oder ähnlich darf man sich wohl die Schulhofgespräche um Justin Russell´s („Death Stop Holocaust") neusten Film vorstellen, der auf diversen Internet-Foren als Geheimtipp gehandelt wird, und unsere Aufmerksamkeit dadurch erregte, dass er Grundlage für gewisse Polizei-Razzien war, in deren Zuge auch eine Ausgabe unseres kulturell kostbaren Magazins beschlagnahmt worden sein soll (seriös!).
Wurde der Film doch schon in der US-Version hierzulande wegen Verdachts auf §131 auf Liste B indiziert, was dem Film wohl in Zukunft auch eine Beschlagnahme in Aussicht stellt. Interessante Story, was?
Jedenfalls interessanter als der eigentliche Film. Denn dieser ist ein schnöder Retro-Slasher in (zugegeben erstaunlich authentisch wirkender) 80er-Optik, irgendwo zwischen „Sorority Row", „Prom Night" und „Black Christmas", der zwar einen soliden Härtegrad und einige schöne Handmade-Effekte besitzt, sonst aber auch wirklich Nichts zu bieten hat, und dessen inhaltsfreie Handlung sich zwischen den Morden zieht, wie Omas alter Kaugummi.
Man muss Russel zwar zugestehen, dass er sogar recht liebevoll und professionell gearbeitet hat und der Film wirklich aussieht als wäre er in den 80er abgekurbelt worden, ohne dass man den Eindruck bekommt, dass man hier nur mal wieder auf der Grindhouse-Welle mitschwimmen wollte, doch ist sein Werk einfach nur extrem langatmig und nervt zudem durch den monotonen Synthie-Sound.
Auch sind die Darsteller alle mehr schlecht als recht, und die angehenden Schauspielerinnen mit ihren Schwabellärschen und Zellulite nicht mal für die Duschszenen geeignet.
Nur für Gorehounds und Hardcore-Nostalgiker einen Blick wert. **5 von 10 Punkte.**

PROGNOSE: Da bereits in der US-Version auf Liste B indiziert, ist eine ungeschnittene deutsche VÖ ein Ding der Unmöglichkeit. Wann der Film es unzensiert in unsere deutschsprachigen Nachbarländer schafft ist nicht bekannt.

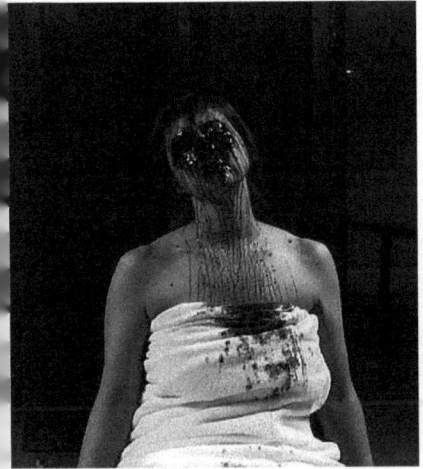

BAD KIDS GO TO HELL

DER FILM: Weil sie alle Etwas ausgefressen haben, müssen 6 Schüler der Crestview Academy an einem stürmischen Samstag in der Bücherei die Schulbank drücken.
Und weil der Vertrauenslehrer sich gerade abgesetzt hat, haben die eingeschlossenen frühreifen Problemkids nichts Besseres zu tun, als sich in Geisterbeschwörung zu üben.
Kurz darauf, gammelt dann auch schon die erste Mitschülerin tot unterm Schreibtisch vor sich her.
Doch war es tatsächlich ein Geist, der für ihr Ableben verantwortlich war, oder befindet sich ein Killer zwischen den verbleiben Fünf. Denn jeder von ihnen hat sein kleines dreckiges Geheimnis...

KRITIK UND FAZIT:

Hm, könnte es sich bei „Bad Kids go to Hell" um eine Horror-Thriller-Version des Coming of Age Klassikers „Breakfast Club" handeln?
Diese Frage dürfte spätestens mit dem ersten Auftritt des ehemaligen Trublemakers Judd Nelson als Rektor eindeutig mit Ja zu beantworten sein. Obwohl man nicht mal diesen ironisch platzierten Hinweis braucht, um auf den Trichter zu kommen, welchen Film Regisseur (und Spielfilm-Debütant) Matthew Spradlin und Co-Autor Barry Wernick im Kopf hatten, als sie sich (wahrscheinlich mit einem halben Kilo Koks und einem Tank Jack Daniels) an das Drehbuch machten.
Wobei... Der Film ist eigentlich weniger eine Horrorversion, denn mehr eine Parodie.
Zumindest funktioniert er unter den Blickwinkel der ironischen 80er-Persiflage, da Story und Handlung total behämmert sind (die Auflösung ist einfach nur haarsträubend) und auch der Spannungspegel konstant niedrig ist.

Es sind einzelne Szenen und Dialoge, die den Reiz dieses insgesamt sehr ordentlich inszenierten Films ausmachen.
Seien es dezente Anspielungen wie „Unsere Elter waren mal langweilig, jetzt sind wir langweilig", oder „And that is that", dass die Schauspieler (in 80er-Manier) alle zu alt sind um als Teenager durchzugehen, oder die total überzogenen, im Videoclip-Stil aufgezogenen Rückblenden, die tatsächlich einen großen Spaß machen.
Dazu gibt es eine nette Auswahl attraktiver und zumindest vom Gesicht her bekannter Jungdarsteller aus der zweiten Reihe, etwas Sex und ein paar vereinzelte, aber nette Gore-Einlagen.
Suma Sumarum also netter und sehr ordentlich inszenierter Blödfug für Zwischendurch, den man sich besonders als Kenner des originalen „Breakfast Club" durchaus mal an einem bierseligen Abend geben kann.
6,0 von 10 Punkte

PROGNOSE: Könnte ungeschnitten auch mit FSK:ab16 durchgehen.

REEL EVIL

DER FILM: So ist das mit den Anfängen in der Filmbranche. Wenn man sich seine Sporen noch nicht verdient hat, muss man jeden auch so beschissenen Job annähmen.
So auch die jungen Filmemacher Kennedy, Corey und James, die für ein paar lausige Kröten das Behind-the-Scenes-Material für einen Low-Budget-Horror abdrehen sollen.
Vom Produzenten und dem Rest der cholerischen Crew, wie Dreck behandelt, ahnen sie noch nicht ansatzweise, dass es noch viel dicker kommen soll.
Denn das verfallene Krankenhaus in dem der Film gedreht wird, hat eine finstere Vergangenheit und das sadistische Personal mag zwar tot sein, doch die grimmigen Leutchen haben hat den Laden trotzdem immer noch fest im Griff.

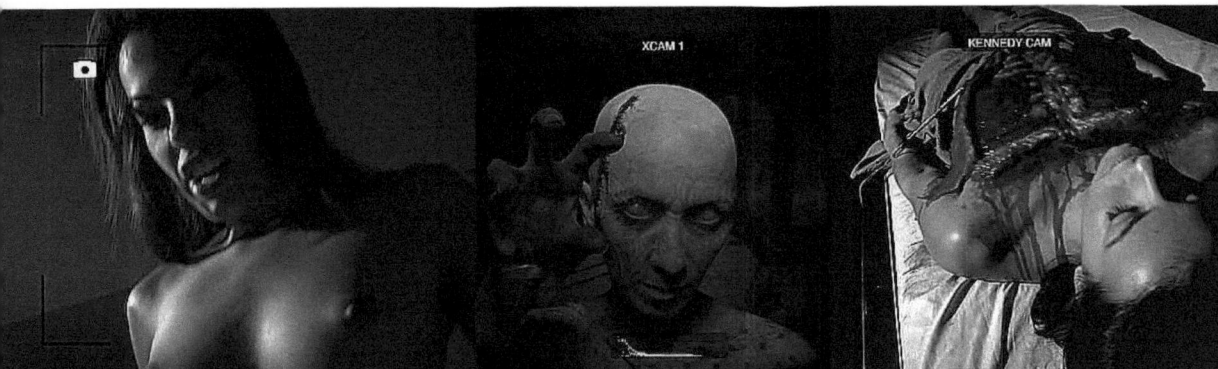

KRITIK UND FAZIT: Found-Footage-Horror; dismal by Full Moon Features.
Und das Ergebnis ist ein zunächst sogar ganz interessant und lustig beginnendes Schundfilmchen, bei dem man ständig das Gefühl hat, die Drehbuchautoren wollten all ihre schlechten Erfahrungen an Full Moon Sets verarbeiten. Sei es der Produzent aus der Hölle (wunderbar bösartig, Michael Cline „Dreamgirls"), der arrogante Regisseur, dem man nicht direkt in die Augen schauen darf, das superzickige B-Movie-Starlett (echt heiß, Sandra Hinojosa, „Strippers and Guns"), oder Grundsätzlich ein, von schlechten Drehbedingungen, angepisstes Drehteam. Als Persiflage, bzw als bissiger Blick hinter die Kulissen eines Full Moon Drehs, funktioniert „Reel Evil" zunächst sogar ganz gut und weiß zu unterhalten.
Leider aber ist der Rest dann nur ein extrem schwacher „Grave Encounters"-Abklatsch, der wirklich keine einzige Eigenständige Idee erkennen lässt (manche Szenen wirken, wie 1:1 geklaut) und sich auch sonst nur auf das übliche (leidlich solide umgesetzte) WIR-IRREN-MIT-DER-KAMERA-DURCH-KELLERGEWÖLBE-BIS-ES-ZU-SPÄT-IST beschränkt; und als es dann schließlich zur Sache gehen sollte, werde alle Beteiligten meist offscreen abfrühstückt.   Dazu kommt auch noch, dass alle (zumindest solide gespielten) Figuren entweder total unsympathisch, oder profilos sind; weshalb einfach keine Spannung aufkommen möchte.
Da helfen dem Film auch etwas unfreiwilliger Humor und zwei ganz hübsche Sexszenen (u.a mit der heißen Sandra) nicht, zumal es statt dessen an der nötigen Portion Blut und Gore fehlt.
Da hat sich Full Moon Stamm-Regisseur Danny Draven („Puppet Master X: Axis Rising", „Strippers VS Zombies") mal wieder nicht mit Ruhm bekleckert.
Insgesamt nur was für Found-Footage-Allesgucker, die sich das Ding nebenbei auch noch schöntrinken sollten..
4 von 10 Punkte.

FREIGABE: Ein klarer FSK:ab16er.

TASMANIAN DEVILS

DER FILM: Weil ein Fallschirmspringer in der tasmanischen Wildnis von Schwerkraft keine Ahnung hat, kracht er am Ende seines Sprungs mit Karacho durch die Decke einer Höhle und wird dabei von einem Felsen aufgespießt. Weil so etwas mit einem enormen Blutverlust einher geht, erweckt er dabei eine alte mythische Art der tasmanischen Teufel, welche sich dann auch sogleich daran machen ihn in Fetzen zu reißen. Nun, von der Spitze der Nahrungskette verdrängt, müssen sich seine verbliebenen Freunde und ein Paar Wildhüter mit den überaus hungrigen und zudem auch extrem widerstandsfähigen Urfiechern herumschlagen. Ein Kampf ums blanke Überleben beginnt...

KRITIK UND FAZIT: Hier können wir es eigentlich kurz machen, denn „Tasmanian Devils" ist mal wieder ein typischer, ausschließlich im kanadischen Forst gedrehter Monster-Schmonker nach 08/15-Formel aus der „Syfy Originals"-Reihe; wenn aber auch einer der Besseren.
Das liegt vor allen Dingen an der routinierten Regie des eher unbekannten Zach Lipvsky, der das Tempo des Films konstant hoch hält und die ihn zur Verfügung gestellte Kohle in ordentliche Effekte steckte.
So sehen die tasmanischen Teufelsviecher meist angenehm plastisch aus und erinnern in Bewegung auf charmante Weise zuweilen an Stop-Motion-Animationen der B-Movies aus den 80ern.

Und auch in Sachen Gore wird lieber geklotzt als gekleckert. Es geht teilweise richtig deftig zur Sache, wenn die Monster über ihre Opfer herfallen, was schon mit der ersten Todesszene, in der ein Mann quer durchgerissen wird, eindrucksvoll unter Beweis gestellt wird. Erfrischender Weise wird beim Gekröse auch nur auf Handmade-Effekte gesetzt.
Dazu gibt es auch noch, sozusagen als Bonus-Eye-Candy, als obligatorischen Promi, die überaus süße Tittenmaus Danica McKellar („Wunderbare Jahre", „Hack") in der Hauptrolle.
Da verzeiht man gern, dass echte Spannung erst zum Finale hin aufkommt; zumal sich dank des hohen Tempos zu keinem Augenblick Langeweile einstellt.
Für Fans des formelhaften und überraschungsfreien, dafür aber deftig blutigen Monster-Trashs auf jeden Fall einen Blick wert.
6 von 10 Punkte.
PROGNOSE: Eine 18er-Freigabe dürfte auf jeden Fall drin sein.

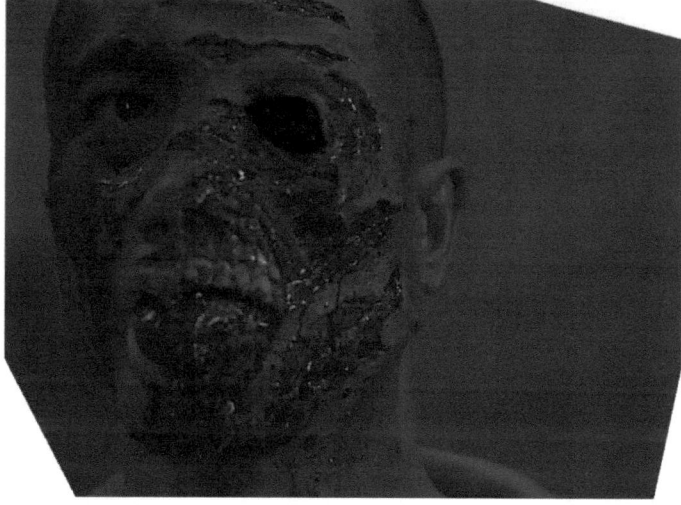

THE MARK

DER FILM: Chad Turner ist ein alter Haudegen und verdient sich sein Geld beim Sicherheitsdienst der mächtigen AVANTI COOPERATION. Eines Nachts wird eine Geheime Operation des Konzerns überfallen. Im Zuge dieses Überfalls wird Turner, von einem sterbenden Wissenschaftler, ein biometrischer Computerchip (der einzige seiner Art) in den Arm implantiert.

Von nun an gilt Turner als das wichtigste Gut, dass der Menschheit zur Verfügung steht und muss den, mit ihm untrennbar verbundenen Chip, in aller Stille, nach Deutschland schaffen, um die Welt zu retten. Das wollen die Schlingel von TURK INDUSTRIES, die selbst auf den Chip scharf sind, mit allen Mitteln verhindern und schicken ihren besten Killer Joseph Pike los.

Der kapert mit seinen Mannen das Flugzeug in dem sich Turner befindet.

Leider läuft dabei nicht alles wie geplant. Nicht nur, dass sich der Atheist Turner und die gottgläubigen Passagiere als überaus wehrhaft erweisen. Zu allem Überfluss tritt die Entrückung ein und die Apokalypse steht plötzlich vor der Tür!!!

KRITIK:

Gott, lass es Hirne regnen...

Als Filmrezensent mit einem Hang zum Trash und Alkohol, gibt es mit der Zeit eigentlich Nichts was man nicht gesehen hat (Ja, ich hab Pferde nicht nur schon kotzen, sondern auch Menschen fressen sehen) und mit der Zeit wird es praktisch irgendwann unausweichlich, dass man auch mal über einen Unterhaltungs-Film der amerikanischen-christlichen Rechten stolpert. Und wenn es darum geht etwas richtig Übles zu sehen, dann dürft ihr, meine lieben Glaubensbrüder des abseitigen Geschmacks, Troma, Ed Wood und Uwe Boll vergessen, denn ein Film von Leuten, die sich wie Kaninchen vermehren, beim Scheißen beten und alle Abtreibungskliniken am liebsten in die Luft jagen würden, ist in Punkto Irrsinn kaum zu überbieten! Wer schon mal versehentlich über Kevin Downes „Six – Fortress Deadzone" (der Burner!!!) gestolpert ist, der kann darüber ganze Romane schreiben! Eine, an und für sich, sogar Interessante Geschichte, bis zum Erbrechen vollgestopft mit christliche Symbolik und Dialogen über Gott und die Bibel, in eine durchweg lahmarschige Handlung und eine erschreckend billige Inszenierung verpackt, deren ganzes Budget (immerhin ne Million!) wahrscheinlich hauptsächlich für die wenigen bekannten (und überaus deplatziert wirkenden) Schauspieler verfeuert wurde. Und natürlich ist das Ganze auch absolut ernst gemeint!

Und das kann man so auch Alles locker auf „The Mark" übertragen.

Zwar fängt der Film von James Chankin, sogar noch halbwegs subtil, als überaus billiger Allein-gegen-Alle-Actioner a la „Passagier 57" an, doch schon, wenn im dystopischen Vorspann von Christen in Gefahr gequatscht wird und wenn eine Reporterin die Bibel ins Spiel bringt, dürfte beim minderbemitteltsten Videothekengänger das erste Stirnrunzeln auftreten.

Und da hat man gerade die ersten 10 Minuten hinter sich gebracht!

Doch keine Sorge, die Gespräche über Gott, Christentum und die Bibel zu den unpassendsten Augenblicken nähmen im Laufe des Films inflationär zu, und schaffen es dann auch in regelmäßigen Abständen, die ohnehin seltsam anmutende Handlung. nicht nur in Lächerliche zu ziehen, sondern auch noch gehörig auszubremsen. Aber das ist ohnehin nicht so schlimm, wie Das, was in der Mitte folgt. Denn spätestens, wenn in der Mitte die Entrückung kommt und auf

einen Schlag alle Gläubigen zu Gott gebeamt werden, dürfte jedem der Nicht gecheckt hat, was er sich da anschaut, das Hirn per Schleudersitz durch die Schädeldecke krachen. Aber genau diese Art von gequirlter Sülze, macht den Film für Trashliebhaber dann sogar noch ganz anschaubar und unterhält zumindest durch den unfreiwilligen Humor.
Denn die Inszenierung kann man getrost vergessen. Die schafft es in ihrer Billigkeit tatsächlich sogar 80% aller The-Asylum-Produktionen zu unterbieten. Die lahmarschige Action (oder was man hier als Action verstanden haben will) ist ein schlechter Witz und auch das Flugzeug-Set schreit geradezu nach „Meint ihr das verficktnochmal ernst?!".
Umso mehr muss man sich wundern, was (um Gottes Willen!) Eric Roberst („Expendables", „The Butcher") und Gary Daniels („Speed Rage", „Expendables") in diesem Streifen verloren haben. Dass man mit Nixkönner Graig Sheffer („Turbulence 2") ein halbwegs bekanntes Gesicht für einen der wohl lahmsten Actionhelden der Geschichte verpflichten konnte, ist noch halbwegs verständlich (schließlich kriegt der Kerl selbst für einen B-Movie-Darsteller wenig Arbeit). Aber dass Gary D und der Eric sich für diesen Murks hergeben, schreit geradezu zum Himmel.
Wehrend Roberts sich noch lässig durch den Film mogeln kann, ohne dabei eine schlechte Figur abzugeben, muss sich Daniels, der sich sichtlich Mühe gibt, als Bösewicht geradezu verheizen und zur Witzfigur degradieren lassen. So darf er nicht nur, nicht seine erstklassigen kämpferischen Fähigkeiten zeigen, sondern sich auch noch zur aller Krönung von einem fetten Sack und dann einer ganzen Schar von Statisten verkloppen lassen. (An dieser Stelle wird dann auch noch gezeigt, dass jeder Amerikaner zum Helden mutieren und ein Flugzeug aus den Krallen von Terroristen befreien kann.) Und das Schlimmste ist, dass die Beiden dann auch gleich in der Fortsetzung dabei sein werden, deren Trailer man noch vor dem Abspann vorgesetzt bekommt.

FAZIT: Billiger Murks, jenseits von Gut und Böse. Lachhafte, teilweise lahme Action, durchzogen von religiösen Dauergedöns und Holzhammersymbolik.
Nur für religiöse Spinner und abgebrühte Hardcore-Trash-Fans geeignet.
3 von 10 Punkte.

DERANGED

DER FILM: Irgend Etwas stimmt nicht in Südkorea. In Seen und Flüssen im ganzen Land tauchen vermehrt Wasserleichen auf. Leute, scheinbar kurz vorm verdursten, suchen das Wasser, um darin zu sterben.
Zu spät kommen die Behörden dahinter, dass eine neue Form von Bandwurm sich im ganzen Land ausgebreitet und hunderte Menschen infiziert hat. Wer infiziert ist, muss vom Wasser ferngehalten werden.
So auch die Familie von Jae-hyuk. Der ehemalige Mediziner setzt alles daran seine Frau und Kinder zu retten, und kommt dabei einer ungeheuerlichen Verschwörung auf die Spur...

KRITIK: Wasservieh-Seuche, die Erste!
EIN BLOCKBUSTER MADE IN SÜDKOREA!!!
Und Kenner der Materie, wissen bereits was das bedeutet und was sie erwarten können.
Feinste Kino-Unterhaltung auf höchsten Nieveau!
Und hier bildet auch „Deranged" keine Ausnahme, sondern (im Gegenteil) ein Musterbeispiel, wie großartig doch die Koreaner eine spannende Story, sympathisch-kauzige Figuren, grimmig-schwarzen Humor und eine exzellente Verbindung zu einem wunderbaren Ganzen vermengen können.
Allein die Tatsache, dass bei diesen 2-Stunden-Klopper von

einem Film zu keinen Augenblick kein Hauch von Langeweile aufkommt, sondern die Spannung bis zum Ende konstant auf ein schier unglaubliches Level gesteigert wird, sagt schon alles.
Dabei setzt „Deranged" auch weniger auf Horror und Ekel, denn mehr auf Spannung.
Zwar sind auch die Szenen in denen hunderte von Menschen zombiehaft durch die Straßen rennen um sich zu ersäufen (bzw. die Würmer zu entlassen, was zum Tod führt), oder die ein oder andere kleinere Ekelszene, nicht ohne (vom sehr hohen Bodycount mal ganz zu schweigen); doch was wirklich für abgenagten Fingernägel und Schweißausbrüche beim Zuschauer sorgt, ist der verzweifelte Kampf von Jae-hyuk um das Leben seiner Frau und Kinder, und die damit in Verbindung stehende Verschwörungsgeschichte.
Das ist vor allen Dingen der sehr guten und sympathischen Charakterzeichnung der als Hauptfiguren eingesetzten Durchschnitztypen, in die man sich sehr gut hinein versetzen kann und daher auch mitfiebert. Zudem werden sie von den, meist (laut IMDB zumindest) eher unbekannten, Schauspieler sehr gut gespielt.
Bedenkt man, dass das gerade mal Regisseurs Jeong-woo Park´s („Attack te Gas-Station") dritte Film (innerhalb der vergangen zehn Jahre!) ist, ist „Deranged" noch weitaus beeindruckender.

FAZIT: Ein astreiner und sehr aufwändiger Mix aus Seuchenthriller, Horror und Familiendrama, das gemächlich beginnt und dann mit konstant steigender Spannung bis zum Ende fesselt.
9 von 10 Punkte.

PROGNOSE: Klar FSK:ab16 – mit Glück sogar ab12.

THE BAY

DER FILM: 4. July 2009. Beim den Feierlichkeiten des Unabhängigkeitstags in dem kleinen Küstenstädtchen An der Chesapeake Bay, werden die Einwohner plötzlich krank. Widerlicher Ausschlag und Erbrechen sind nur die ersten Symptome, einer mysteriösen, tödlich verlaufenden Parasiten-Infektion, die sich über das Wasser auf fast die gesamte Stadtbevölkerung ausgebreitet hat.
Die Lokal-Reporterin Donna Thompson dokumentiert die Katastrophe anhand eigener Aufnahmen und gesammelten Videomaterial.

KRITIK: Wasservieh-Seuche, die Zweite!
Hier mal ein Found-Footage Horror, der nicht versucht aus seinem kleinen Budget das Beste zu machen, sondern dem es nicht ganz gelingt aus seine vergleichsweise großen Budget das Beste zu machen.

Unter der Leitung des Regie-Urgesteins Barry Levinson (u.v.a. „Sleepers", „Rain Man", „Enthüllung") entstand hier ein Seuchenhorror, im Doku-Stil, a la „Cabin Fever" (im größeren Rahmen), der zwar leidlich Spannend ist und durchaus ein beklemmendes Szenario zeichnet, aber es leider nicht vermag sein Potential auszuschöpfen. Oder um es schlicht zu sagen: Da hätte man viel mehr draus machen können!

Nicht missverstehen. „The Bay" ist nicht schlecht und hat an Schauwerten fast alles zu bieten, was man von einem Schocker mit Killerparasiten erwartet. Eitrige Pusteln, abgebissene Zungen, offenes Gewebe gibt es bei den knapp 80 Minuten Film genug zu sehen.

Auch sind die Szenen im überfüllten Krankenhaus, die mit Leichen übersäte Straße, oder wenn man am Hafen in der Nacht von überall her die Schmerzensschreie der Sterbenden hört, wirklich verstörend und gänsehauterregend.

Das größte Problem von „The Bay" ist aber, dass die vielen Handlungsstränge des Films nur dazu da sind, um den Zuschauer durch das vorschreitende Seuchenszenario zu führen und man den Figuren eben nur beim Sterben zusieht. Alles ist sehr oberflächlich, letztlich etwas unspektakulär und die Spannung hält sich auch in Grenzen, da man leider in viel zu vielen Fällen gleich zu Anfang mitgeteilt bekommt, dass besagte Personen am Ende des Films nicht mehr am Leben sein werden.

Was die Schauspieler angeht, hat man hier bewusst auf eher unbekannte Gesichter gesetzt (einzig Kristen Connolly aus „Cabin in the Woods" dürfte dem aufmerksamen Zuschauer in einer Nebenrolle auffallen). Diese machen sich auch alle sehr gut und können überzeugen.

FAZIT: „The Bay" ist ein ganz netter und recht fieser Found-Footage-Seuchenschocker, denn man sich ruhig mal anschauen kann; der aber leider hinter seinen Möglichkeiten bleibt und besonders durch seinen Mangel an richtiger Handlung enttäuscht. Für Fans dokumentarischen Horrors und des ekligen Bodyhorrors aber allemal einen Blick wärt.

6,5 von 10 Punkte.

GHOUL

DER FILM: Sommer 1984.

Timmy, Barry und Doug sind die besten Freunde in einer typischen amerikanischen Kleinstadt, und könnten eigentlich ihre Sommerferien damit verbringen, in ihrer neu entdeckten Höhle ein Clubhaus einzurichten und darin Comics zu lesen und Karten spielen.

Leider aber muss jeder von ihnen mit schwerwiegenden Problemen zurecht kommen. So muss Timmy den plötzlichen Tod seines geliebten Großvaters verkraften, wehrend Doug von seiner Mutter sexuell missbraucht und Barry von seinem alkoholkranken Vater regelmäßig verprügelt wird.

Und zu allem Überfluss verschwinden neuerdings immer mehr Jugendliche in der Umgebung und eine übel zugerichtete Leiche taucht auf.

Comic-Fan Timmy vermutet, dass sich unterm benachbarten Friedhof ein Ghoul eingenistet hat, doch auch Barrys Vater scheint etwas mit der Geschichte zu tun zu haben...

KRITIK UND FAZIT:
Ein Film von der Sorte Gut gemeint, Schlecht-gemacht …Leider.

„Ghoul", beruhend auf der Novelle von Brain Keene und ist (zumindest von der Geschichte her) ein typisches, wenn auch etwas düstereres 80er-Coming-of-Age-Drama im Stil von „The Goonies" und „Stand by me", das noch einen Horrorplot erweitert wurde. Wobei aber die Probleme der drei Hauptcharaktere (welches sich von Tod eines geliebten Menschen, über häusliche Gewalt, bis zum sexuellen Missbrauch ziehen) deutlich interessanter und bewegender daher kommen, als die eher belanglose Murder-Mystery um das vermeidliche Monster, dass da sein Unwesen treibt und ein paar nichtige Nebenfiguren entweder (von ein paar Blutspritzern begleitet) killt, oder sie in seine Höhle verschleppt.

Davon mal abgesehen, dass die Hauptfiguren etwas klischeehaft gezeichnet sind (der Durchschnittstyp, der Dicke und der eigenbrötlerische Außenseiter) und das Ende etwas zu abrupt und unbefriedigend daher kommt, gibt es aber am Drehbuch und der Story nichts zu meckern. Die Handlung baut sich spannend auf und kann nicht nur überzeugen, sondern sogar etwas fesseln.

Und hat der Film auch bitter Nötig.
Denn die (gänzlich atmosphärefreie) Inszenierung ist selbst für eine TV-Produktion unglaublich billig geraten, wobei das meiste am Budget wohl auch für das einzige wirklich bekannte Gesicht, Hauptdarsteller Nolan Gould („Modern Familiy") drauf gegangen sein muss.

Nicht anders ist die schon fast amateurhaft wirkende Inszenierung zu erklären, die wohl in weniger als drei 5 Tagen durchgescheucht wurde.

Kameraführung, Ausstattung (die Höhlen-Sets sehen nach Schultheater aus), Schnitt und Vertonung sind auf wirklich tiefsten Niveau und oft wirken die Schauspieler in den sehr statischen Dialogszenen, als würden sie ihren Text einfach vom Fußboden ablesen.

Schon seltsam, wenn man bedenkt, dass Regisseur Gregory Wilson zuletzt den überaus gelungenen „Jack Ketchums Evil" ablieferte. Doch wer weiß, vielleicht hätte ein anderer Regisseur mit vergleichbaren Mitteln noch schlechtere Arbeit abgeliefert, zumal der Film (dank guten Drehbuch) trotz seiner gravierenden Mängel immer noch anschaubar ist. **5 von 10 Punkte.**

PROGNOSE: Ein klarer FSK:ab16-Kandidat.

DRAGON WASPS

DER FILM: Weil ihr Vater, ein Wissenschaftler, längere Zeit nichts von sich hören lässt. Endschließt sich die hübsche Forscherin Gina Humphries sich, zusammen mit ihrer Assistentin Rhonda, im zentralamerikanischen Dschungel auf die Suche nach ihm zu begeben.

Unterstützung erfahren sie von einer dort stationierten Einheit der US-Army, deren Anführer den sich häufenden seltsamen Vorkommnissen in der Gegend auf den Grund gehen will (und die zwei hübschen Ladys natürlich nicht alleine in das von Guerillas kontrollierte Gebiet gehen lassen will).

Und die Hilfe haben sie bitter nötig.

Nicht nur, dass sie schon bald Bekanntschaft mit nem durchgeknallten Warlord machen, kurz darauf balsen auch noch feuerspeiende Riesenwespen zum Angriff!

KRITIK UND FAZIT: Ein einfach nur schwacher, blutleerer, regelrecht banaler Monsterhorror mit schwach bis schlecht animierten Riesenwespen, der nicht mal mit unfreiwilligen Humor punkten kann, dafür aber umso mehr durch seine Ereignislosigkeit und tempoarme 08/15-Handlung langweilt und sich viel zu ernst nimmt.

Kein Wunder, zeichnete sich doch Joe Knee für die Regie verantwortlich, der bisher nur billigen Murks, wie „Ghost Game" und „Cult" verbrochen hat.

Da kann einem nur der (eigentlich gar nicht untalentierte) Corin Nemec („Parker Levis", „Sea Beasts") leidtun, der mit der Hauptrolle seine Brötchen verdienen musste. Von ein paar knackigen Mädels abgesehen, ist er hier nämlich der einzige Lichtblick –kann aber trotzdem nichts reißen.

Unterdurchschnittlicher Billigmonsterfilm-Langweiler. **3,5 von 10 Punkten**

AMERICAN HORROR HOUSE

DER FILM: Weil das alte Verbindungshaus bei einem Feuer abgefackelt ist, mussten die Mädels einer Studentenverbindung in ein beschauliches Landhaus der Miss Margot ziehen.
Keine von ihnen ahnt, dass in der Hütte Jahre zuvor ein kleines Mädchen ihre Eltern niedergemetzelt und offenbar, als Hausmutter getarnt, immer noch durch die Räume spukt.
Das ihr Blutdurst nicht gestillt ist, müssen schon bald die ersten Mädels auf überaus drastische Weise herausfinden.
Doch damit nicht genug.
Denn wer stirbt, ist im Haus gefangen und muss beim Morden kräftig Unterstützung leisten.
Da ist doch klar, dass das Einweihungsritual der neuen Bewerberinnen und die damit verbunden große Party nicht gut enden können.

KRITIK:

ACTIVE ENTERTAINMENT! Ein Name der sich schnell einprägt, wenn man sich ne Weile mit den Syfy Originals beschäftigt. Hat die kleine Filmschmiede doch auch schon die übertrashigen „Arachnoquacke" und „Haunted High" für den Syfy-Channel fabriziert und es sich zum einprägsamen Markenzeichen gemacht, dass ihre Filme immer mit einem stylischen, mit Musik unterlegten, Vorspann beginnen.
Zwar war in diesem Fall der Vorspann nicht so stylisch geraten, wie bei den eben angesprochenen Vorgängerfilmen, dafür wurde aber mit „American Horror House" unter der Regie von Darin Scott („Dark House") eine der deutlich besseren und vor allen Dingen härtesten Syfy-Eigenproduktionen des vergangenen Jahres abgeliefert.
Klar hat man es sich hier (der Titel lest es ja schon vermuten) nicht nehmen lassen, was die Grundidee angeht, ein Bisschen bei der immens erfolgreichen Serie „American Horror Story" zu plagiieren, doch davon mal abgesehen, besitzt „American Horror House" genug Selbstständigkeit um Spaß zu machen und als altmodischer College-Metzler Freude zu bringen, da die gar nicht mal schlechte Story um die mordenden, zombiehaften Geister, hauptsächlich dazu dient um den Zuschauer zwischen den zahleichen, kreativen und (und für eine TV-Produktion) durchaus harten Morden bei der Stange zu halten.
Hier werden Gesichter mit Flaschen zertrümmert, Eingeweide durch den Mund entfernt, Schädel gespalten und ganze Körper (ähnlich wie bei Resident Evil) zu Hackfleisch verarbeitet – wobei sich Handmade- und CGI-Effekte die Wage halten.
Das Alles läuft bei gerade mal 85 Minuten sehr temporeich, unterhaltsam und sogar nicht unspannend von Statten.
Zudem ist die Besetzung mit dem dicktittigen Botoxzombie Morgan Fairchild (die mit dem riesen Vorbau aus „Falcon Crest") als böse Oberhausmutti und „Caprika"-Schnuckelchen Alessandra Torresani als rotzige Hauptdarstellerin gut und sympathisch gewählt (, von den ganzen anderen sexy Girls, die als Kanonenfutter herhalten dürfen ganz zu schweigen).

FAZIT: Altmodischer, temporeicher und überraschend harter Haunted-House-Zombie-Slasher-Mix der Fans blutiger Kost gut unterhalten kann. **7 von 10 Punkte.**
PROGNOSE: Hier könnten ein paar der Gewaltspitzen einer FSK-Freigabe im Wege stehen.

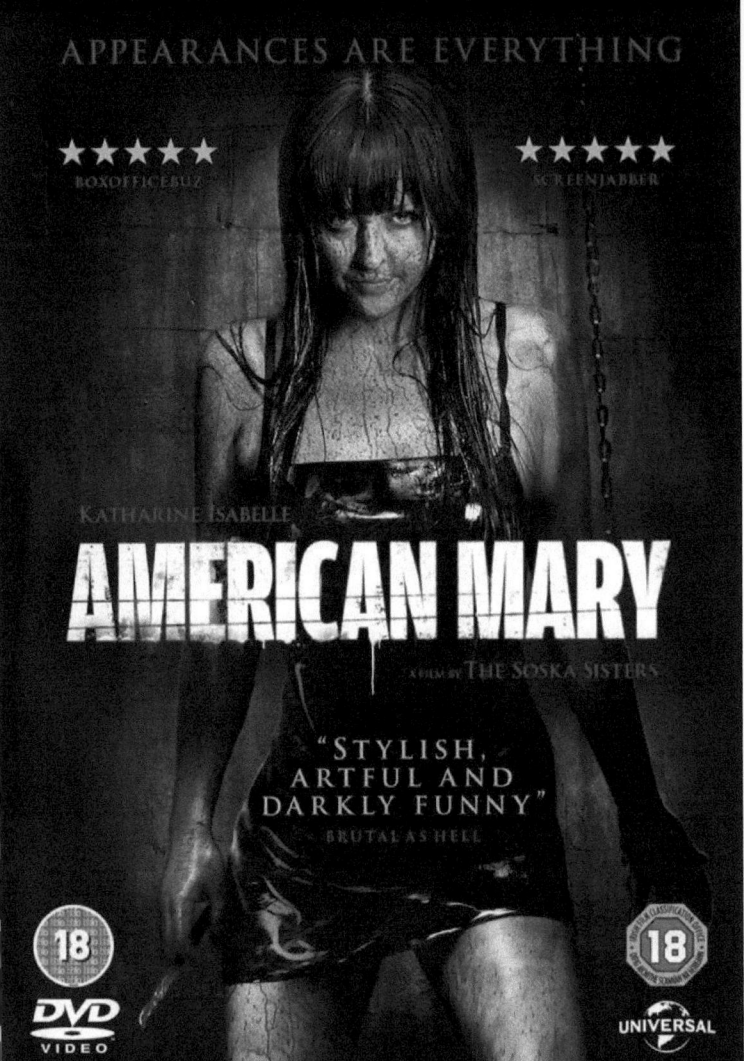

AMERICAN MARY

DER FILM: Mary ist Medizinstudentin in der Chirurgie, hat aber Probleme das Studium zu finanzieren.
Bei einem Bewerbungsgespräch in einem Striplokal werden dann vom zwielichtigen Besitzer plötzlich ihre medizinischen Eigenschafften gebraucht, welche sie gegen einen hohen Geldbetrag einsetzt. Am nächsten Tag tritt eine seltsame Frau an sie heran und möchte wiederum auch ihre Talente für eine Freundin, im Sinne der Body Modification, in Anspruch nehmen – was sich für die immer noch wiederstrebende Mary als äußerst lohnendes Unterfangen herausstellt. Nachdem sie dann auch noch von ihrem Professor unter Drogen gesetzt und vergewaltigt wird, und gerade ihre neuen Bekannten ihr zur blutigen Rache verhelfen, gibt sie das Medizinstudium auf und widmet sich ganz ihrer neuen Berufung als Untergrund-Chirurgin für ausgefallene und unnötige Operationswünsche...

KRITIK UND FAZIT: Der zweite Spielfilm der beiden Soska Schwestern Jen und Sylvia („Dead Hooker in a Trunk") dürfte so manchen Horrorfan überraschen und auch enttäuschen.
Denn im Gegenansatz zu den explotativ anmutenden Postern und Covern, hält sich der Film (von einer kleinen Gewaltexplosion abgesehen) in Sache Blut und Gore eher zurück und ist auch weniger dem Horror, denn mehr dem düsteren Psychodrama zu zuordnen.
Das ist aber auch gar nicht schlimm, denn als Letzteres funktioniert er, dank der interessanten Story, einer vorzüglichen Inszenierung und einer wunderbaren Katharine Isabelle („Freddy vs Jason") sehr gut.
Leider aber bleibt der Spannungspegel relativ niedrig und das Potential der Geschichte in vielerlei Belange (inklusive eines unbefriedigenden Endes) ungenutzt, weshalb es der Film dann auch nicht schafft über soliden Durchschnitt hinaus zu kommen. **6 von 10 Punkte.**

FREIGABE: Mit FSK:ab18 ungeschnitten.

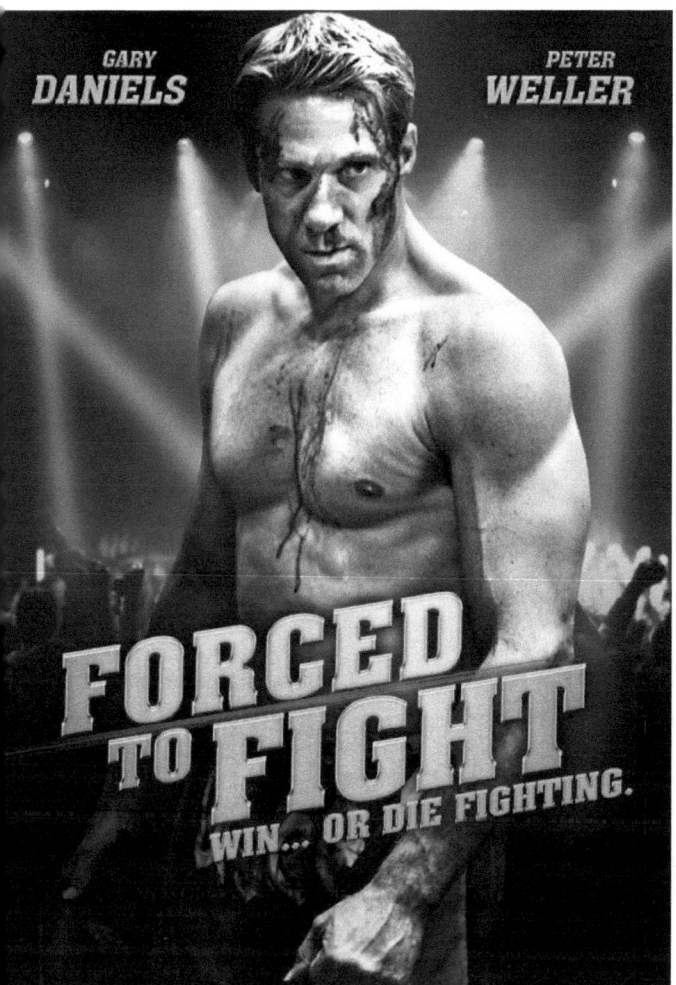

FORCED TO FIGHT

DER FILM: Lange ist es her, da war der Automechaniker Shane Slavin, ein wahres Kickbox-Ass und verdiente sich seine Brötchen mit illegalen Untergrundkämpfen. Doch diese Zeiten sind vorbei. Nun genießt er den Frieden und das Zusammensein mit Frau und Sohn.
Leider aber gilt das nicht für seinen kleinen Bruder Scotty, der immer noch die Schaukämpfe aufmischt und den fiesen Promoter und Schmierlappen Danny G. verärgert, indem er bei einem abgesprochenen Fight nicht in die Knie geht.
Dieser revanchiert sich für die verlorenen Wetteinnahmen, indem er Scotty krankenhausreif prügeln lässt und Shane dazu erpresst für seinen Bruder seine Schulden im Ring zu begleichen.
Der findet sich im Ring auch schnell wieder zurecht. Doch die ständigen Kämpfe verändern seine Persönlichkeit und bringen das Schlechteste in ihm zum Vorschein. Worunter schon bald die Familie zu leiden hat.

KRITIK UND FAZIT: Gary Daniels! Man muss ihn einfach mögen, den ehemaligen britischen Kickbox-Weltmeister, leidenschaftlichen Zopfträger und 90er-Actionheld einiger durchaus ansehnlicher B-Movie Produktionen aus dem Hause PM-Entertainment (u.a. „Recoil", „Speed Rage"), der es in „The Expendables" als Bösewicht sogar geschafft hat in die Kinos zu kommen.
Ich zumindest bin ein Fan dieses Bollwerks von einem Mann; und war zunächst schwer begeistert davon ihn wieder in n einem (im wahrsten Sinne des Wortes) altmodischen Kampfsport-Klopper zu sehen. Ganz besonders nach dem unsäglichen „The Mark" und ob der Tatsache, dass ihm als Antagonist Peter „Robocop" Weller entgegen gestellt wurde.
Und gerade der als Bösewicht überaus spielfreudige Weller ist es, der „Forced to Fight" tatsächlich einen Blick wärt macht. Denn der Film krankt an zwei Punkten.
Der Erste ist, dass sich der sichtlich Mühe gebende Daniels mit der charakterlastigen Rolle doch etwas überfordert ist und somit die Wandlung seiner Figur von netten Kerl zum unkontrollierten Arschloch noch weniger überzeugt, als es das ohnehin schon bescheidene Durchschnittsdrehbuch erlaubt.
Der zweite (und noch schwerwiegendere) Punkt ist, dass Regisseur Jonas Quastel („Ripper 2"), dem kleinen Budget entsprechend, handwerklich und optisch durchaus gute Arbeit geleistet hat, leider aber bei den Kampfszenen versagte. Diese sind zwar zahlreich, wirken aber leider sehr unspektakulär und beschränken sich auf monotones Gekloppe, ohne jede Schauwerte.
Was bleibt ist ein handwerklich solider 08/15-Prügler, der leidlich unterhalten kann, von dem aber nach dem Abspann nur der gute Peter Weller in Erinnerung bleibt.
6 von 10 Punkte.

PROGNOSE: Könnte ungeschnitten auch mit FSK:ab16 durchkommen.

GYO

DER FILM: Es sollte für die drei Freundinnen Kaori, die slutige Erika und Aki eine entspanntes Wochende auf Okinawa werde, als plötzlich im ganzen Land allerlei mögliches, nach Verwesung stinkendes Meeresgetier beginnt auf stelzenartigen Fortsätzen aus dem Wasser zu Steigen und die Menschen anzugreifen.
Obwohl auch schon bald das Sommerhaus der drei Mädels von einem großen Hai angegriffen wird, denkt einzig Kaori, deren Verlobter sich auf dem Festland befindet, daran Okinawa zu verlassen, wehrend Erika es vorzieht ihrer Libido mit zwei Zufallsbekanntschaften zu frönen und Aki einfach Angst hat.
Doch egal, wie sich jede der Frauen entscheidet. Das Grauen der Fischpokalypse hat erst begonnen, denn die Seuche die die Fische befallen hat, ist auch für Menschen ansteckend und hochinfektiös...

KRITIK UND FAZIT: Heute mal eine etwas andere Apokalypse aus Japan, die uns zeigt, dass man auch mit einem Anime einen sauberen Edeltrasher abliefern kann.
Basierend auf den Mangas von Junji Ito („Uzumaki", „Tomie") bekommt hier der Fan des gepflegten Weltuntergangs ein krudes und von schrägen Ideen durchsetztes Katstrophenszenario, dass zuweilen etwas an Frank Schätzings „Der Schwarm" erinnert.
Beachtlich dabei ist das aberwitzige Tempo der Handlung.
Nimmt man sich am Anfang gerade mal fünf Minuten Zeit um alle (mal mehr, mal weniger sympathischen) Charaktere einzuführen, geht schon kurz darauf die Post ab.
Und das nicht zu knapp. Kaum hat sich der erste Gammelfisch blicken lassen, wird ein Endzeit-Feuerwerk abgefeiert, wie man es noch nicht gesehen hat. Riesige Haie und Tintenfische gehen zu Land auf Menschenjagd, Millionen(!) aller möglicher Fische strömen in die Städte und sorgen für Tod und Chaos, engleisende Züge und sogar Flugzeugabstürze. Und wenn die Seuche dann schließlich auf die Menschen übergreift, wird's richtig schräg und zuweilen echt eklig. Wenn etwa aufgedunsene Leute aus allen Körperöffnungen Gas ausscheidend durch die Gegend schweben, oder sich zu einem großen, fleischigen Klumpen vereinigen.

Dabei wird dann auch kaum ein Klischee des Katastrophen-, Seuchen- und sogar Zombiegenres ausgelassen. Deshalb, wegen des gelegentlichen Verzichts auf Logik und auch wegen einiger (sich besonders zum Ende hin häufender) eher bescheuerter Ideen ist dieser Anime eher dem Trash zu zuordnen.

Sei es die notgeile Erika, die sich selbst nach gerade überstandener Hai-Attacke nochmal von zwei wildfremden Typen durchnageln lässt, der durchgeknallt Proffesor, die unsinnige Auflösung, (ganz großes Kino!) die Zirkusvorstellung kurz vor dem Ende, oder grundsätzlich auf Stelzen laufendes Fischzeugs; das sind alles so Sachen zu denen man eher Einen heben sollte, um ihre Absurdität in voller Gänze zu genießen.

Kann man darüber aber auch nüchtern hinweg sehen, so kommt man in den Genuss eines kurzweiligen, atmosphärischen und unterhaltsamen Endzeit-Horror-Spektakels, dass dank einer anständigen Synchro auch in Deutsch funktioniert. **6 von 10 Punkte.**

FREIGABE: Bereits unzensiert mit FSK:ab16 in Deutschland erschienen.

TRUE BLOODTHIRST

DER FILM: In einer nicht so fernen Zukunft...

Vampire gibt es wirklich. Sie haben der Welt ihr Gesicht gezeigt und wurde zum Dank in einem Ghetto in Rumänien zusammen gepfercht, wo sie die ganzen Nächte lang in ihren Discotheken Partys feiern können. Ernähren tun sie sich die sonnenlichtscheuen Sauger von künstlichen Blutersatz.

Aber nicht alle. Einige kaufen auch gern den ein oder anderen Blutbeutel auf dem Schwarzmarkt, oder zapfen gleich den Dealer ihres Vertrauens an.

Leider aber breitet sich durch verseuchtes Blut eine neue Seuche unter der Vampir-Community aus, welche die Befallenen in wildgewordene Riesenfledermäuse verwandelt, welche bevorzugt den eigenen Artgenossen an die Kehle springen.

Dieses Problem hat nun auch der für den befallenen Sektor zuständige menschliche Gesetzeshüter Derriks an der Backe und holt sich zur Unterstützung den passionierten Vampirklller Harker aus dem Knast.

Der erweist sich aber zunächst eher als stören, denn als Hilfreich. Schließlich wird auch die Hilfe der Vampire gebraucht, wehrend Harker an nichts anderes Denken kann, als diese zu Staub zu verarbeiten.

Nach den ersten Reibereien kommt es dann doch zu einem Waffenstillstand zwischen den beiden Parteien und Derriks und Harker bekommen vom obersten Vampirfürsten sogar eine Blutsauger-Specialeinheit zur Seite gestellt, denn sein eigener Sohn gehört zu den Infizierten...

KRITIK UND FAZIT: Oha! Da haben die Syfy-Leute für ihre Originals Reihe einen richtigen Muckbuster-Hammer abgeliefert! Und das ist diesmal gar nicht Positiv gemeint.

Haben sich doch unsere liebsten TV-Trash-Lieferanten mal schnell das Drehbuch von „Blade 2" geschnappt, ein paar Seiten raus gerissen, ein paar Details umgeschrieben, die Grundidee von „True Blood" hinein gefummelt und damit Todor Chapkanov („Monsterwolf") samt Drehteam zu einem verlassenen Fabrikgelände nach Rumänien geschickt.

Das Ergebnis ist ein (selbst für Syfy-Verhältnisse) billiger und unblutiger Action-Horror-Quark, mit dem milchgesichtigen Andrew Lee Potts („Primeval") als herber Vampirkiller und mies animierten Fledermausmonstern.

Das einzig Positive an diesem Murks ist, dass er wenigstens ganz kurzweilig und unfreiwillig komisch geraten ist. Empfehlen kann man ihn trotzdem nur wirklich ganz abgebrühten Trash-Allesguckern. **3 von 10 Punkte.**

PROGNOSE: Ein klarer FSK:ab16-Titel.

NEUES AUS DER KLAPSMÜHLE
- FILME BY THE ASYLUM -

ABDUCTED aka LAYOVER

DER FILM: Susan Holingsdworth ist schon ein echtes Miststück. Die cholerische Chefin einer Hotelkette bringt es nicht nur fertig ihre Assitentin Rebeca wegen einer Kleinigkeit zu feuern, sie weist sie danach sogar noch an, einen Ersatz zu besorgen.
Fast schon gerecht, dass, sie auf ihrer Reise nach Detroid, nicht nur notgedrungen in einem schäbigen Motel nächtigen muss, nein, als sie sich über den Lärm aus dem Nebenzimmer beschweren möchte, wird sie sogleich von einem Gangster per Kopfnuss ins Reich der Träume entführt.
Als sie aufwacht befindet sie sich in der Gewalt russischer Mädchenhändler, die nebenbei auch noch eine Gruppe Amateur-Models (unter dem Vorwand eines Wettbewerbs) festhalten.
Doch Susan ist nicht klein zu kriegen. Zusammen mit den anderen Mädchen probt sie den Aufstand...
Außerdem ist da noch die herzensgute Rebeca, die versucht ihre ehemalige Chefin wieder zu bekommen.

KRITIK UND FAZIT: „Der Teufel trägt Prada" meets „Taken"
Ja, auch wenn die kompromisslose Action von Letzteren fehlt, so ist die Umschreibung dieses für den Frauensender Lifetime inszenierten Entführungs-Thrillers doch überaus passend.
Verdeutlicht sie doch was für einen hanebüchenen Frau-in-Gefahr-Quark man hier erwarten kann, der aber trotzdem nicht unbedingt gemieden werden muss.
Das liegt vor allen Dingen an der (für eine Asylum-Produktion) soliden und temporeichen Inszenierung in der Regie-Debütant R.D. Braunstein das Beste aus den bescheidenen finanziellen Mitteln macht, die ihm zur Verfügung standen und den gut aufgelegten Darstellern.
Allen Voran Jim-Carrey-Ex-Frau Lauren Holly („Dragon – die Bruce Lee Story", „Dumm und Dümmer") als Hauptfigur Susan, die sich allerdings inzwischen nahezu jeden Wiedererkennungswärt hat aus der Fresse rausverschönern lassen. (Ernsthaft, erst ein Blick in die IMDB hat mich darauf gebracht, wer denn diese Frau mit Gesichtslähmung sei, die mir doch irgendwie bekannt vorkam.)

Die Story ist, wie gesagt großer Blödsinn, macht aber mit der, vom unsympathischen Biest zur wackeren Heldin wandelnden Hauptfigur spaß, kann in der zweiten Hälfte einen soliden Spannungspegel aufbauen und kommt angenehm kurzweilig daher.
Insgesamt solide TV-Unterhaltung für den verregneten Sonntagnachmittag.
6 von 10 Punkte.
PROGNOSE: Wahrscheinlich FSK:ab16

40 DAYS AND NIGHTS

DER FILM: Die Sintflut kommt! Die Sintflut kommt!...
Und die kommt soooo heftig daher, dass schon der kleinste Regenschauer (selbst in der Wüste) gleich mit Riesenwellen und Überflutungen einhergeht, die ganze Städte und herumblödelnde Teenager von der Erde spülen.
Doch das Wissenschaftler-Pärchen John und Tessa haben das alles vorher gesehen und arbeitet zusammen mit der US-Regierung an schicken Archen, um das Absaufen der gesamten Menschheit zu verhindern.
Leider aber haben sie sich doch leicht im Termin verschätzt, weshalb nur noch wenig Zeit bleibt um in See zu stechen. Und da die Archen noch nicht ganz fertig sind und

auch DNA-Proben gesammelt werden müssen, stehen den Beiden noch ein paar drollige Abenteuer bevor...

KRITK UND FAZIT: Und wieder lässt „The Asylum", für Schmales Geld, die Welt nach allen Regeln der Kunst untergehen, ohne dabei die Naturgesetze, die Regeln der Logik, Continuity, oder den Verstand des Zuschauers zu berücksichtigen.
In diesen Fall handelt es sich um einen wortwörtlich verwässerten „2012"-Verschnitt, von Peter Geiger („Emergency in Space - Notfall im All") der Roland Emmerich zeigen möchte, wo der Frosch die Locken hat.
Dass das nichts wird, ist natürlich jedem Kenner der Materie klar.
Die billigen CGI-Effekte bewegen sich zwischen „Ganz schick" und „Boah, siehst du heute billig aus", die Handlung ist mal wieder bemerkenswert unlogisch und hanebüchen und die meisten der Darsteller haben sich ihre Rolle im Film wohl unterm Schreibtisch des Produzenten erblasen.
Spaß machen, tut dieser wüste Endzeit-Katstrophenmumpitz trotzdem. Zum Einem bekommt man hier so flott alle möglichen Mega-Katastrophen (Flutwellen in der Wüste, Flutwellen in Städten, in der Erde versinkende Städte) um die Ohren gehauen, dass das Hirn bezüglich allen anderen Schwachsinn und Unzulänglichkeiten (höchstens 20 Leute auf der Arche) mit Belustigung reagiert.
Außerdem gibt's als obligatorischen Star, das dralle Horrorschnuckelchen Monica Keena („Freddy vs Jason"), die alles mit chronisch feuchten Nippel-Shirt aufwertet. **4,5 von 10 Punkte.**
PROGNOSE: Klarer FSK:ab12-Titel.

HANSEL & GRETEL

DER FILM: Weil der Vater der zwei Frühzwanziger Hansel und Gretel neu heiraten möchte, muss Nichtsnutz Hansel bald sein Zimmer im Elternhaus räumen.
Auf die Nachricht reagiert er so erzürnt, dass er sich zu einem Lieblingsplatz im Wald flüchtet, wo ihn Gretel findet und überredet, wieder nachhause zu kommen.
Doch bis dahin schaffen es die Beiden nicht.
Tollpatsch Hansel tritt in eine Bärenfalle und auf der Suche nach Hilfe finden die zwei Geschwister, das im tiefen Wald verborgene Haus der örtlichen Bäckerin Lilith. Die sich zunächst auch sehr Hilfsbereit zeigt.
Die beiden Ahnen ja nicht, dass sich hinter der netten Fassade ne durchgeknallte Schlampe verbirgt, die, zusammen mit ihren zwei ungewaschenen Söhnen, (zwecks Jungerhaltung) Teenager in ihrem Kerker gefangen hält um sie zu mästen und später zur Fleischpastete zu verarbeiten..

KRITIK: Ja, die Geschichten der Gebrüder Grimm kommen einfach niemalsnie aus der Mode.
Zuletzt mit „Snowhite an the Huntsman" und aktuell mit den Namensvettern dieses Steifens in „Hensel and Gretel – Witch Hunters", lässt sich mit den ollen Märchen-Kamelen offenbar immernoch gutes Geld verdienen, wenn man etwas Einfallsreichtum zeigt.
Das haben sich natürlich auch unsere liebsten Friendos von unser liebsten Trashschmiede gedacht und haben Anthony C. Ferrante („Headles Horseman") mit einem Drehteam in ein Häuschen im Wald verbannt und erst wieder zurückkehren lassen, nachdem ein fertiger Film im Kasten war.
Und Das was dabei rausgekommen ist, kann sich durchaus sehen lassen!
Für einen Asylum-Film überaus ordentlich in Szene gesetzt, bekommt man hier eine wüste Interpretation des Stoffes, in der Erwachsenenversion, als harten Kannibalen-Horror mit Backwood- und Torture-Elementen serviert; die zudem auch noch eine kräftige Schippe bitterbösen Humor mit sich bringt.
So gibt schon die erste Szene, in der eine junge und sehr gewichtige Frau unter Einsatz ihrer Fingernägel aus einem Kerkervlies flüchtet, nur um am Ende mit einem offenen Bruch und einem Apfel im Maul, schön zusammengeschnürt, bei lebendigen Leib im Backofen zu verschwinden, die deftige Gangart für den Rest des leicht surreal angehauchten Streifens vor. So gibt's auch im weiteren Verlauf einiges an blutigen Schauwerten zu bewundern, wie etwa eine sehr detaillierte Pfählung, oder eine sehr sicke Selbstausweidung. Und das sind nur die heftigsten von vielen blutigen Momenten, die der Film auffährt.

Doch „Hansel & Gretel" überzeugt nicht nur durch seine Härte, sondern auch in Sachen Spannung, die sich ab der zweiten Hälfte der knackigen 85 Minuten kontinuierlich steigert. Was auch an der sympathischen Besetzung liegt. Allen voran Dee Wallace („Alligator 2", „Cujo") als regelmäßig von süßlich lieben Bäckerin, zur durchgeknallten Psychoschlampe umschwenkenden Antagonistin Lilith, die hier eine im wahrsten Sinne des Wortes irre Show abliefert.

Zwar schafft es der Film dann doch nicht immer sein niedriges Budget zu verheimlichen und kommt aus den Trash-Gefilden einer Asylum-Prodiktion nicht heraus; doch sehenswert ist dieses blutrünstige Kannibalen-Märchen allemal.

7 von 10 Punkte.

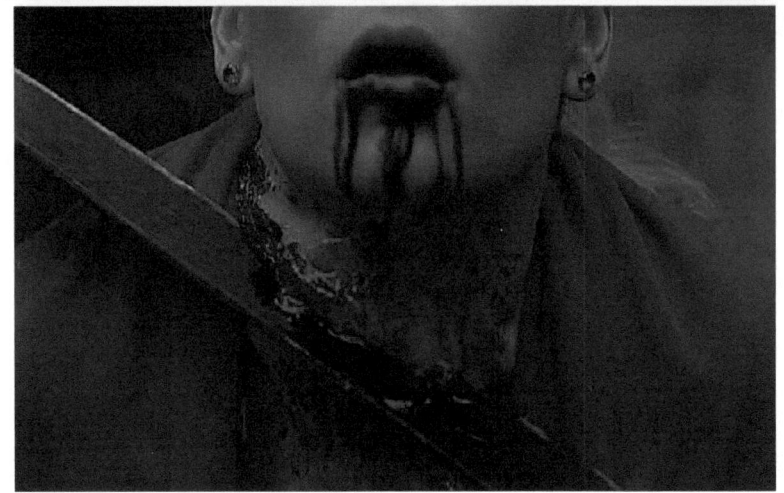

FREIGABE: Da der Film wohl auch so an der FSK gescheitert wäre, kann man Great Movies diesmal wohl keinen Vorwurf machen, dass nur eine zensierte Version eingereicht wurde. Diese ist bereits im Handel verfügbar und dank reichlich verbliebener Schauwerte zumindest zum Antesten geeignet. Von der hauseigene 3D-Version sollte man aber auf jeden Fall die Finger lassen.

12/12/12

DER FILM: Es geht doch nichts über frisches Elternglück! ...Könnte man meinen.
Doch bei Veronica und Carlos sieht die Sache mit ihren Nachwuchs etwas anders aus.
Nicht nur, dass der schon bei der Geburt das medizinische Personal niedermetzelt und ein kleiner, grottenhässlicher Nippelbeißer ist, der seine Mama auch mal versucht sexuell zu befriedigen und dank telepathischer Fähigkeiten Alles und Jeden in seiner Umgebung ins Jenseits schickt; zu allem Überfluss hat es auch noch eine fiese Weltuntergangssekte, die gern mal dicktittige Opfergaben an Satan schickt, auf das kleine Scheißerchen abgesehen. Und die bringen auch Alles und Jeden um, der sich ihnen in den Weg stellt.
Viele Probleme also für Veronica, die einerseits rein Garnichts peilt und ihr Monsterbaby so liebt, wie es eben nur eine Mutter tun kann.

KRITIK: Hier haben wir wieder The-Asylum-Müll, wie wir ihn lieben.
Denn was Regisseur und Drehbuchautor Jared Cohn (der gleich darauf nochmal in „# Hold your Breath" zeigen durfte, was alles nicht in ihm steckt) hier auf den unvorbereiteten Zuschauer los lässt ist weniger ein Film, denn mehr als eine einzige Aneinanderreihung blutiger WTF-Momente, die sich gewaschen haben.
Zusammengeklaut aus nahezu allen Baby/Kinder-Horrorfilmen, von „It´s Alive", über „Grace" bis hin zu „Omen" bekommt man hier eine konsequent unlogische bis schwachsinnige, auf Continuity und Logik pfeifende Pseudohandlung vorgesetzt, die den Zuschauer von einem Filmtod zum anderen führt und selbst dem hirnverbranntesten RTL-Allesglotzer regelmäßig dazu bringen sollte sich ungläubig an den Kopf zu fassen!

Ernsthaft, so durch kann man gar nicht sein, um diesen Murks auch nur ansatzweise ernst zu nehmen. Das fängt schon mit der offensichtlichen Pappmaschee-Babypuppe an, die hier für Terror sorgt und den neu geborenen Fürsten der Finsternis darstellen soll, von Allen aber nur damit kommentiert wird, dass sie doch etwas seltsam aussieht und nicht nur über telepathische Fehigkeiten verfügt, durch die sie Leute dazu bringt sich selbst ins Jenseits zu befördern, sondern seinen Opfern auch gern selbst hin und wieder an die Kehle springt. Und wenn nicht gerade Teufelsbalg Sebastian, wirklich jeden (!!!) platt macht der das zweifelhafte Vergnügen hat seinen Weg zu kreuzen, dann ist da ja auch noch der Anführer-Seppel von den Satanisten, der ständig (total planlos) versucht sich des Babys zu bemächtigen und dabei auch fleißig Kollateralschäden fabriziert.

Den ersten Burner bekommt man auch hier schon zu Anfang serviert, wo der dauerböse guckende Satanist ins falsche Zimmer stolpert und eine unbeteiligte frisch gebackene Mutti ohne jeden Grund in die ewigen Jagdgründe meuchelt. Oder der schludrige Detektive (da isser wieder, The-Asylum-Knecht Steve Hanks aus u.a „Super Cyclone") , der grimmig mit Dauerlutsche im Maul durchs Bild stolpert und irgendwie selbst nicht so recht weiß, gegen wen er da ermittelt. Doch das ist erst der Anfang!

Wie bereits gesagt, folgt die Handlung zu keinem Augenblick auch nur Ansatzweise irgendeiner Logik.

So wird das Baby dann schnell nach den nächsten mysteriösen Todesfall von einer Mitarbeiterin der Kindefürsorge eingesackt, nur um, nachdem das Baby diese mit dem Sicherheitsgurt abwürgt („Chucky" lässt grüßen), direkt vom Tatort wieder zur Mama zurückgegeben zu werden.

Ein echter Hirnschmelzer ist auch, wenn Sebastian später selbst die Fliege macht und auf seinem Radau-Tripp wieder von eine netten Frau der Kinderführsorge eingesackt wird, diese aber das mit Blut und Scheiße (!!!) bedeckte Baby nicht ins Krankenhaus bring, wie es jeder normale Mensch tun würde, sondern mit nach Hause nimmt – großer Fehler!

Doch wenn es soweit ist, hat man als Zuschauer eh bereits abgeschaltet, oder sitzt debil grinsend und sabbern in mitten eines Haufens zerdrückter Bierdosen im eigenen Urin und erfreut sich einfach des sinnlosen Gemetzels, welches mit knapp 30 Leichen auf 85 Minuten überaus üppig und sehr blutig ausfällt.

Das fällt zwar in den seltensten Fälle spektakulär aus, (wobei doch sehr lustige Todesarten dabei sind, wie das Selberstersäufen im Waschbecken) doch umso beeindruckender ist, wie man sich auf Teufel komm raus bemüht hat möglichst viele Tote in diesem Film unterzubringen. Das geht so weit, dass sogar ein Paketbote sich nach der Zustellung die Kehle zercuttert und im vorletzten Viertel tatsächlich wahllos ein unbeteiligtes Opfer nach dem anderen aus dem Busch springt um sich doch irgendwie umzubringen.

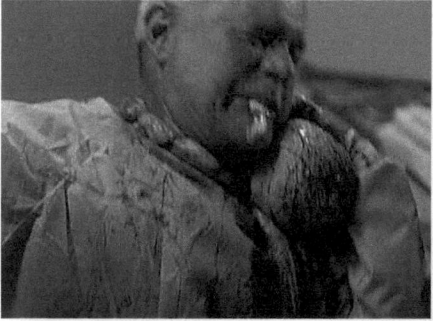
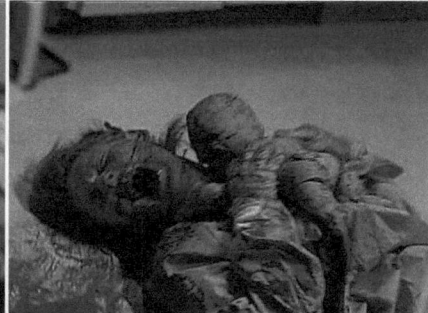

Ansonsten kann man über diesen unbeschreiblichen Blödfug nur noch sagen, dass das Niveau der Produktion dem des Drehbuchs entspricht. Alle Darsteller sind durch die Bank kacke und spielen Figuren, die so blöd sind wie Schifferscheiß und Schnitt, Ausstattung, Effekte und Kameraführung sind im unteren B-Movie Bereich anzusiedeln.

FAZIT: Das ist eine Trash-Granate, die sich gewaschen hat. Strunzdumm, schäbig, dafür aber überaus blutig. Ein filgewordener WTF-Moment, für ganz abgebrühte The-Asylum-Veteranen! **4,5 von 10 Punkte**

PROGNOSE: Könnte doch leichte Probleme mit der FSK bekommen.

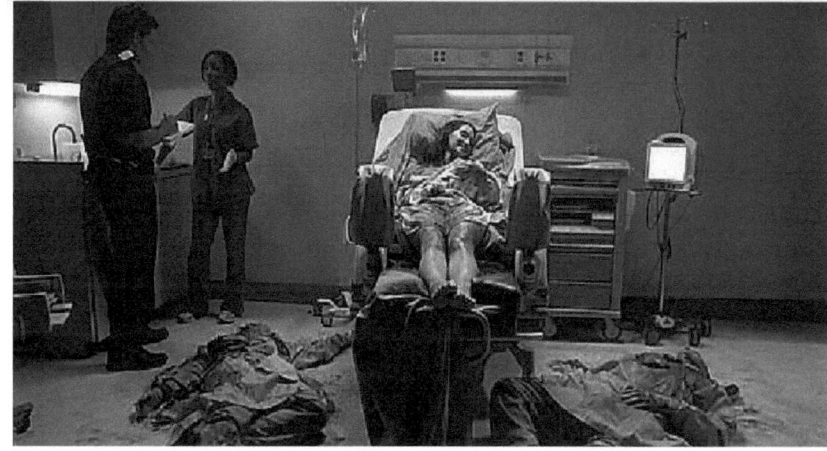

#HOULD YOUR BREATH

DER FILM: Atmen verboten!

Nein, ernsthaft Leute, das müsst ihr euch merken. Wenn ihr an einem Friedhof vorbeikommt, dann haltet bloß die Luft an.

Andernfalls könnte es euch so passieren, wie unser kleinen fickrigen Partygruppe hübscher Jungs und Mädels, die zum ausgelassenen Feiern an einen abgelegenen See, in der Nähe einer verlassenen Klappsmühle, samt hauseigenen Friedhof fahren.

Da zieht sich nämlich, trotz Warnung, gerade bei Vorbeifahren am Friedhof, der dickliche Kiffer Kyle ne volle Dröhnung Serienkiller-Geist durch die Pfeife und wird von diesem (von den Anderen unbemerkt) in Beschlag genommen. So dürfte es dann auch niemanden verwundern, dass er die anschließende Exkursion in die verlassene Klappse weder zum herumblödeln, noch zum vögeln nutzt, sondern statt dessen lieber einen gerade zufällig vorbeischauenden Park Ranger mit den Eiern an die Autobatterie klemmt.

Das vergisst der liebe Kyle dann aber auch bald schnell. Denn der Geist, sobald er mal vom Friedhof befreit wurde, kann nun von einem Körper zum Anderen hopsen und nistet sich im nächsten Pfosten ein, um sich ans fröhliche Metzeln der Freunde zu machen. Schon bald kann Keiner mehr dem Anderen trauen und ein blutiger Mord folg auf dem anderen.

Da tauch unverhofft der garstige Wilkens auf, der früher als Wärter im Irrenhaus der Hinrichtung des wütenden Killers beiwohnte und offenbar als Einziger weiß, was nun zu tun ist...

KRITIK UND FAZIT: Hahaha!... Liebe Freunde aus der Klapsmühle. Der war ja mal richtig gut.
Nein, nicht der Film. Sondern der Witz, dass ausgerechnet „#Hould your breath" euer erster „großer" Kinofilm sein soll! Neee!... Denn schaut man sich mal die vergangen Produktionen unser aller Liebsten-Trash schmiede an, so ist dieser (von Jared Cohn, der danach auch gleich „12/12/12" verbrechen durfte, inszenierte) zwar unterhaltsame, aber auch überaus stümperhafte Slasher qualitativ eher im Mittelfeld anzusiedeln und in keinster Weise auch nur ansatzweise Kinowürdig.
Davon mal abgesehen, dass man mit der echt hübschen und dank „Tuker and Dale VS Evil" bei der Horrorgemeinde sehr positiv in Erinnerung geblieben Katrina Bowden, mal tatsächlich eine prominente Darstellerin verpflichten konnte, deren Karriere nicht am Ende ist, glänzt „# Hould your Breath" von der ersten Szene an durch unbekümmerte, geradezu rotzfreche Schäbigkeit. Das vor Stereotypen, Plotholes, Unlogik und Klischees strotzende Drehbuch weiß weder wo es hin will, noch wo es war und dient einzig dazu die Morde und einer total deplatziert wirkenden Softcore-Szene unterzubringen.
Die Schauspieler (von Bowden und The-Asylum-Hofschlampe Steve Hanks abgesehen) wurden allein dank ihres optischen Nährwerts gecastet und wären als Kellner, oder Obdachlose viel besser aufgehoben.

Und die Effekte schwanken zwischen billig und unterirdisch grottig. Was genau so für die Ausstattung gilt, die teilweise selbst einem Ed Wood die Schamesröte ins Gesicht getrieben hätte (der Friedhof sieht aus, wie eine Halloween-Vorgarten-Deko!). Doch, wenn juckt es? Es ist nun mal ein Asylum-Film und letzten Endes schaut man sich einen Asylum-Streifen ja genau bewusst wegen seines Trash-Faktors (und der Ausrede jede Menge Alkohols in sich zu schütten) an.
Und der daraus resultierende WTF- und Spaßfaktor ist auch in diesen Fall enorm.
Das Fängt schon mit der Hinrichtung am Anfang an, wenn der Wärter den versammelten Angehörigen die Geschichte des Killers wie eine Geschichte am Lagerfeuer erzählt. Oder wenn ein Pärchen sich für ein Fickerchen in die Leichenhalle verzieht und dann zu einer geradezu epischen Schnulze minutenlang kopuliert wird.
Vom grandiosen Finale ganz zu schweigen, wenn sich zwei pampig animierte Geister an die Kehlen gehen. Hier hätte eigentlich noch der Techno-Score aus „Mortal Kombat" das Sahnehäubchen aufgesetzt. Unfreiwilliger Humor wohin man schaut.
Dazu gibt es (in der Uncut-Fassung zumindest) dann auch noch jede Menge kreativer, recht derber und meist sogar ganz gut umgesetzter Mordsequenzen, bei denen dann auch wirklich jedes Opfer zumindest ein Auge verlieren muss.
Als Partyfilm ist „# Hould your Breath" also auf jeden Fall einen Blick wärt. **5 von 10 Punkte**

FREIGABE: Die deutsche 18er-Fassung ist arg zensiert.

HORROR IN DER 3. DIMENSION

UNSERE 3D-EMPFEHLUNGEN

BATTLE ROYALE 3D

DER FILM: Es ist Zukunft und die Schüller der Klasse 3-B gucken nicht schlecht, als sie bei einem Ausflug plötzlich, mit schicken Exlosiv-Halsbändern, in einem verdreckten Raum aufwachen und ihr ehemaliger Lehrer Kitano, zusammen mit ein paar Soldaten, vor ihnen steht.

Aufklärung verspricht sogleich das von ihm eigenschaltete Video, in dem eine überaus euphorische Moderation den Schülern verkündet, dass sie von der Regierung für das „Battle Royale"-Programm auserwählt wurden.

Dieses sieht vor, dass sich die Schüler nun auf der abgelegenen Insel, auf die sie verfrachtet wurden, mit allerlei tollen Waffen, so lange niedermetzeln sollen, bis nur noch Einer übrig bleibt. Sollten am Ende der Spielzeit mehr als nur Einer übrig sein, explodieren alle Halsbänder.

Um den Ernst der Lage zu verdeutlichen, wird dann auch sogleich der aktuelle Lehrer der Klasse vorgezeigt, dessen Veto gegen die Auswahl mit einem Schuss ins Auge quittiert wurde, und einer zu geschwätzigen Schülerin von Kitano ein Messer in die Stirn gepinnt. Nun gibt es für die Schüler, die auch untereinander so manch offene Rechnung haben, kein Halten mehr und das Gemetzel kann beginnen...

KRITIK: Ich glaube zu Kinji Fukasku's modernen Klassikers des japanischen Actionkinos braucht hier nicht mehr viel gesagt werden, der dystopische, mit philosophischen Ansetzen gewürzte Mix aus Jugenddrama, Survival-Action und kaltschnäuzig-harten Splatter sorgte 2000 für Furore, wie es selten ein Film aus Japan schaffte; nicht zuletzt, weil es sich hier um Jugendliche handelte, die auf äußerst blutrünstige Weise dazu gezwungen wurden sich gegenseitig niederzumetzeln.

Der handwerklich perfekt inszenierte Film bietet ein solides Erzähltempo, bluttriefende, teils spekatkuläre Action und japans Kult-Star Takeshi Kitano in der eindringlich dargestellten Rolle des desillusionierten Lehrers, welche die Todesspiele beaufsichtigt. Ein Film den jeder Fan harter, fernöstlicher Kino-Kost zumindest einmal gesehen haben sollte, und dessen Fortsetzung (trotz noch mehr Action) leider nicht heran kommt. **8,5 von 10 Punkte**

DIE 3D BLU RAY: Gleiches gilt für die aufwändig überarbeitete und konvertierte 3D-Version, welche auf Grundlage der Extendet-Version nochmals für eine anständige dreidimensionale Performance verschönert wurde.

Neben einem animierten Vor- und Abspann und Titeleinblendungen, wurden zusätzliche CGI-Effekte in den Film integriert, die dem Zuschauer in Form von Pop-Outs um die Ohren geschleudert werden. Das hat seine Vor- und kleinen Nachteile. Obwohl die Effekte in 3D überaus gut rüber kommen, und gerade für eine Konvertierung überraschend gut aussehen; dürften diese doch besonders bei den Handmade-Puristen unter den Gorehounds nicht auf viel Gegenliebe stoßen, da die etwas übertrieben CGI-Splattereffekte auch arg nach solchen aussehen. – Was man allerdings unter Geschmackssache auslegen kann.

Weniger streitbar ist die Bewertung der Tiefenwirkung und allgemeinen Bildqualität. Diese mag zwar etwas wechselhaft sein, weil die Bildqualität in dunkleren Szenen leicht an Schärfe und Tiefe verliert, ist aber ebenfalls für eine Konvertierung durchaus ansehnlich. Insgesamt knapp unter Referenz. **7,5 von 10 Punkte.**

FAZIT: Ein sehr guter Film in einer überdurchschnittlich guten 3D-Version, die mit vielen Pop-Outs und einer guten Tiefenwirkung überzeugt. Ob man sich an den etwas billig wirkenden CGI-Effekten stört, bleibt dabei jedem selbst überlassen, zumal der einzigen deutschsprachig verfügbaren 3D-Version in der wunderschönen Ultimate Collectors Edition auch (neben allerlei wundervollen Extras) die reguläre Extendet-Version und Kinofassung beigelegt worden sind.

FREIGABE: Da schon die zu Gunsten einer Spio/JK-Freigabe um satte 7 Minuten zusätzlich geschnittene Kinofassung in Deutschland indiziert wurde, gibt es die gänzlich unzensierte Ultimate Edition mit der 3D-Version nur ungeprüft über Österreich zu kaufen.

GRINDHOUSE LOUNGE
UNSERE FILMEMPFEHLUNGEN, DIE IN KEINER BAHNHOFS KINOSAMMLUNG FEHLEN DÜRFEN

DAS SYNDIKAT DES GRAUENS

DER FILM: Sie sind die Helden von Neapel. Mit ihren Motorbooten und gewitzten Manövern schmuggeln sie Zigaretten über den Pazifik und machen dies so gewitzt, dass selbst die Polypen ihnen nicht lange böse sein können. Und schließlich sind die hart arbeitenden Menschen in Neapel auch auf die Marlboro-Lieferungen angewiesen.

Luca ist einer von ihnen. Fürsorglicher Ehemann, liebevoller Vater, ein ganzer Kerl eben; der das Gangsterleben einzig zum finanziellen Wohl seine Familie gewählt hat.

Doch das schöne Leben hat ein jähes Ende, als die französische Mafia in Neapel einfällt.

Eines der ersten (von Vielen) Opfern: Luca´s Bruder. Der bei einem Hinterhalt zum Sieb zerballert wird.

Die bösen Froschfresser schrecken vor nichts zurück, um den lokalen Schmugglerring unter ihre Kontrolle zu bringen. Mit den harmlosen Glimmstängeln soll Schluss sein, Heroin ist jetzt angesagt.

Bisher lebten die Schmuggler von Wein und Pizza, nun bietet „der Mann aus Marseille" Champagner und Kaviar.

Doch Luca und seine Komplizen wissen um ihre Verantwortung für die Leute aus Neapel und stellen sich dem „Syndikat des Grauens" entgetgen. Es entbrennt ein „Inferno der Vernichtung"!!!

KRITIK: Der gute alte Lucio Fulci. Ein Mann dessen Name zum Grundwissen all jener gehört, die es wagen sich Horrorfan zu schimpfen. Sind doch gerade seine Meisterwerke „Woodoo – Schreckensinsel der Zombies", „Ein Zombie hing am Glockenseil", „Das Haus an der Friedhofsmauer", „Geisterstadt der Zombies" und (wenn man den so will) „New York Ripper" absolute Kultfilme des italienischen Gore-Kinos der 80er.

Wohl kein Meisterwerk, doch eindeutig unterschätzt, ist der hier vorliegende Gangsterstreifen, den Fulci 1980 zu seiner besten Schaffenszeit zwischen „Ein Zombie hing am Glockenseil" und „Das Haus an der Friedhofsmauer" gedreht hat. „Luca il Contrabbandiere", oder „The Smuggler", welcher dank der genialen deutschen Titelfindung der 80er, sogar ganz passender Weise, in „Syndikat des Grauens" umgetauft wurde, ist schon eine echte Nummer für sich. Im Kern ein klassischer Gangsterstreifen a la der „Pate" und Co, glänzt er vor allen Dingen durch allerlei Skurrilitäten und Fulcis berüchtigte Härte, die sich hinter seinen anderen Werken nicht zu verstecken braucht.

So darf der Godfather of Gore auch hier seiner misogynen Ader freien lauf lassen und einer hübschen Frau, die ihr Möschen als Drogenversteckt nutzt die Visage mit einem Bunsenbrenner zerbrutzeln, wehrend eine Andere unter dem Kommando „Wenn, dann besorgst du es ihr aber richtig!" von einem bösen Buben in einer überaus heftigen Szene anal vergewaltigt wird. Aber auch den Herren der Schöpfung geht es ordentlich an den Kragen, indem Fulci regelmäßig die Auswirkungen diverser Feuerwaffen am menschlichen Körper demonstriert.

So gibt es neben den Verschleiß zahlreicher normaler Blutbeutel auch mal einen aufplatzenden Hinterkopf, einen explodierenden Bauch, einen deftigen Kehlkopf Zerschießer und das Magazin einer MP das im Gesicht eines armen Kerls entladen wird. Gorehounds kommen hier eindeutig auf ihre Kosten.

Aber auch Nostalgiker und Freunde des Seltsamen und Abseitigen werden an dem Geschehen ihre wahre Freude haben. Neben einer vor bizarren Kitsch geradezu kreischenden Discoszene und sehr fiesen und heutzutage undenkbaren „Buschneger"-Dialog, erscheint einem doch der omnipräsente Lokalpatriotismus doch extrem befremdlich und sorgt für so manch unfreiwillig komische Szene, wenn etwa ein Kleingauner „Meine Spagetti!!! Meine Spagetti!" kreischend von der Polizei aus seiner Wohnung gezerrt wird und dabei auch noch versucht das in seiner Hand befindliche Nudelgericht zu verzerran (Thats Napoli!).
Natürlich konnte man im Heimatland der Cosa Nostra die eigenen Landsleute nicht dämonisieren, weshalb die lokalen Gangster auch (von einem Verräter abgesehen) stets als ehrbare Volkshelden und für den kleinen Mann geradezu lebenswichtiger Wirtschaftszweig dargestellt werden, die sogar von der Polizei in bescheidenen Rahmen Verehrung finden – Zigarettenschmuggel und Zuhälterei waren in den 80ern ja noch Verbrechen ohne Opfer. So kommen die Bösen natürlich auch aus dem Land der Froschfresser und wollen das böse Heroin ins Land schaffen und versprechen davon statt „Pizza und Spagetti, Kaviar und Champagner".
Achtet man auf all diese alles andere als subtil in den Film verstrickten Details, so kommt man bei „Das Syndikat des Grauens" aus dem Schmunzeln nicht mehr heraus.
Richtige Brüller dagegen darf man vom großen Showdown erwarten, in dem die eigentlich zur Ruhe gesetzten Dons (u.a. auch Lucio Fulci persönlich) zu Lucas Unterstützung zum Angriff blasen und wie die Kastenteufel aus Telefonzellen, Autos und Imbissbuden auftauchen, nur um schnell einen Gegner wegzupusten, und dann wider sofort in ihren Verstecken verschwinden.
Doch auch Abseits von Gewalt und unfreiwilligen Witz weis der Film zu überzeugen, auch wenn er sich ohne diese Faktoren kaum von der Masse abheben würde.
Story und Handlung selbst sind eher einfach gestrickt, funktionieren aber bestens und bauen langsam, aber stätig Spannung auf. Dabei wird auch, nachdem man sich anfänglich noch etwas Zeit nimmt um die Figuren vorzustellen und die Handlung ins Laufen zu bringen, das Tempo (und der Bodycount) konstant gesteigert.
Auch die Schauspieler sind erste Sahne. So kann Fabio Testi („Der Gorilla begleicht die Rechnung") als Luca voll und ganz überzeugen, wehrend besonders Marcel Bozzufi („Noch ein Käfig voller Narren") als Antagonist Jacois herrlich böse rüber kommt und Saverio Marconi („Komm zurück, Kleiner") als dandyhafter Perlente so manch denkwürdigen Satz von sich geben darf.
Und wenn das nicht genug wäre, dann gibt's noch neben (auch zu einem Sexfilm passender) monotoner aber, launiger Sythi-Mukke einen schmissiger Jass Song, der genau in den richtigen Augenblicken für Nostalgiker-Herzrasen sorgt.

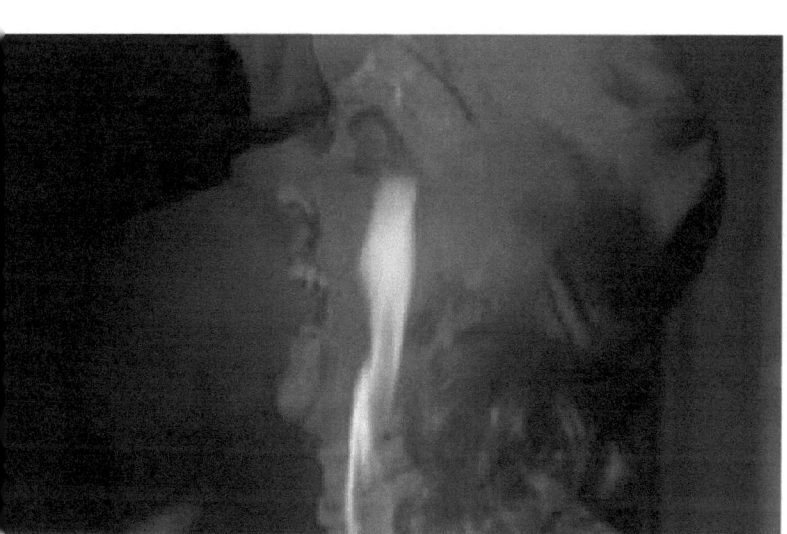
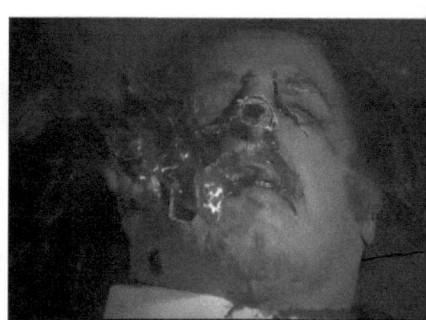

FAZIT: Ein kurioser, teilweise sehr derber und viel zu unterschätzter Klassiker der italienischen Gangsterkinos, der zudem auch noch ruhig zu Lucio Fulcis besten Werken gezählt werden darf.
9 von 10 Punkte

ZENSUR: Ursprünglich sogar unzensiert in Deutschland erschienen, landete die Uncut-Fassung 1986 auf dem Index und wurde kurz darauf beschlagnahmt. Auch die deutsche Uncut-DVD von MIB teilte 2002 dieses Schicksal.

HANDLUNG: Monate sind ins Land gezogen, seid den tragischen Ereignissen, die zur Aufgabe der Farm führten und noch immer ist die Gruppe um Rick auf der ständigen Flucht vor den Herden der lebenden Toten.
Kein Ort bietet auf Dauer Sicherheit, und zudem drängt auch noch die Zeit; denn Lauries Niederkunft steht kurz bevor.
Ein von Walkern überranntes Gefängnis könnte die Lösung aller Probleme sein.
Doch Dieses gilt es erst von den wandelnden Toten zu bereinigen. Zudem ist das Gefängnis nicht gänzlich von Menschen verlassen. Ein Umstand, der noch in einer Katastrophe münden wird.
Zur gleichen Zeit schlagen auch, die inzwischen schwer kranke Andrea und ihre neue Begleiterin Michonne, sich, weiterhin von der Gruppe isoliert, durch das von Zombies verseuchte Land.
Bei der Untersuchung eines Hubschrauberabsturzes geraten sie in die Fänge des sogenannten Governors und seiner Männer, die in der kleinen Stadt Woodburry ein sicheres Refugium für viele Überlebende aufgebaut haben.
Doch auch dort, lauert unter der Oberfläche tödliche Gefahr. Denn hinter der charismatische und manipulative Fassade des Governor lauert ein eiskalter und machtbesessener Psychopath...

BEREIT FÜR RUNDE DREI?

Kaum eine Serie hat in den vergangenen Jahren für so viel Furore gesorgt, wie „The walking Dead".
Schon die Meldung, dass Robert Kirkmans Comic von Oskar-Preisträger Frank Darabont für den bis dahin kleinen Kabel Sender und ehemalige Filmabspielstation „AMC" (der bereits durch „Mad Man" und „Breaking Bad" sehr positiv von sich reden machte) verbreitete sich wie ein Laubfeuer im Netz.
Splattrige Zombie-Apokalypse in Serie? So etwas gab es bisher noch nicht.
Und die Tatsache, dass die Macher nahezu volle künstlerische Freiheit genossen (vom Gebrauch der F-Bombe und frontaler Nacktaufnahmen mal abgesehen) beruhigte nicht nur die Fans der Vorlage, sondern sorgte letztendlich dafür, dass eine der besten und weltweit erfolgreichsten Serie entstand. Der Rest ist Geschichte…
Und diese wurde nun mit einer fulminanten 3. Staffel fortgesetzt. Eine Review…

HÄRTER GEHT'S KAUM –
DIE KRITIK DER FANS WURDEN ERHÖRT…

Die erste Überraschung kommt gleich zum Anfang, denn nicht nur bei den Fans sind seit der zweiten Staffel einige Monate ins Land gegangen, auch im Universum von The walking Dead hat sich die Welt weiter gedreht.
Die Serie knüpft nicht direkt an die Vorgänge auf der Farm an, sondern macht einen Sprung von acht bis neun Monaten.
Und das ist eine gute Lösung, was denn drastischen Stimmungswechsel anbelangt.
Denn für die Gruppe um Rick geht es nun nicht mehr darum eine Zuflucht zu finden und so etwas wie eine alte Normalität wieder her zu stellen, diese Illusion wurde voll und ganz abgelegt – es geht nur noch ums blanke Überleben. Die Klamotten sind dreckig, die Gesichter müde und unrasiert und die Blicke sind ruhelos, wie die gehetzter Tiere. Am besten spiegelt sich die neue, harte Realität von „The walking Dead" in der Eröffnungsszene, in Carl wieder. Dieser wird nämlich nicht mehr behütete, sondern muss mit anpacken und, teils auf sich allein gestellt, dabei mithelfen ein Haus von Zombies zu reinigen.
Der noch zuletzt gebrechlich in den Schoß seiner Mutter heulend gezeigte Junge, gleicht nun mehr einem Kindersoldat – was im Laufe der Staffel noch psychopathische Züge annehmen wird; was im Übrigen mit seiner Charakter-Entwicklung aus der Comicvorlage einher geht.
Auch in Sachen Zombies hat sich die Serie und ihre Figuren den Comics angepasst. Die Zombies sind kein Stück harmloser geworden, und dominieren diesmal auch das Bild in nahezu jeder Außenaufnahme; dafür haben aber alle Figuren gelernt furchtloser mit ihnen umzugehen und sind deutlich effizienter darin geworden diese zu töten. Ob nun mit Schuss- oder Stichwaffen, Zombies werden in der neuen Staffel nahezu im Akkord niedergemetzelt und allein die ersten beiden Eröffnungs-Episoden bieten mehr Zombiekills als die komplette zweite Season – womit natürlich auch der Goregehalt ordentlich angehoben wurde.
Doch nicht nur in Sachen Zombie-Gemetzel wird ein neuer Standard gesetzt, sondern die Kompromisslosigkeit und Härte setzt sich (ebenfalls der Comic-Vorlage gerecht) auch darin fort, dass es nun fast jeden Charakter erwischen kann. Nicht selten erwischt es Charaktere die man bereits gern gewonnen hat, und auch bei den neu eingeführten Figuren sollte man sich nicht all zu sehr an sie gewöhnen; da diese bei „The walking Dead" wie die Fliegen sterben.

Doch damit immer noch nicht genug. Das neue Erzähltempo der dritten Staffel ist (zumindest in der ersten Staffelhälfte) dermaßen angehoben, dass es eine schwindelig werden kann. Bis Episode 8 ist die Handlung konstant in Bewegung; so etwas wie Ver-

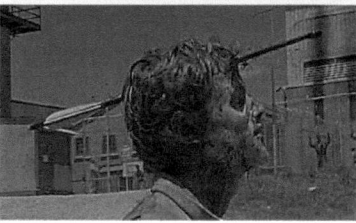

schnaufpausen kommen nur selten vor.
Insgesamt scheint man sich die Kritik der Fans, nach der eher durchwachsenen zweiten Staffel, zu Herzen genommen haben. Zwar bleiben, im späteren Verlauf, auch einige Füller-Folgen nicht aus, doch selbst diese sind qualitativ dem Großteil aller Folgen der zweiten Season überlegen.

Achtung ab hier wird gespoilert...

LEBEN UND STERBEN IM KNAST

Neu Hauptlocation ist, neben der Kleinstadt Woodburry, ist (der Storyline der Comics entsprechend) das Gefängnis, mit dessen Eroberung und Besetzung sich allein knapp 5 Folgen beschäftigen. Mit dem Knast und Unmengen toter Zombies, gehen auch die überlebenden Häftlinge einher, welche nicht nur für Spannungs- und Konfliktpotential sorgen, sondern in der 4. Episode sogar der Grund für eine so große Eskalation sind, dass sich diese schon wie ein Staffelfinale anfühlt, und besonders bei Carl und besonders Rick für so manch psychischen Schaden sorgt. Gerade Andrew Lincoln darf hier schauspielerisch glänzen, was nicht nur am ständige schweißgebadeten Gesicht liegt, sondern tatsächlich am intensiven Spiel eines unberechenbaren Charakters nahe des Zusammenbruchs.
Der Knast sieht überraschend gut aus und man kann sich als Fan wohl überhaupt glücklich schätzen, dass man diese Location überhaupt so realisieren konnte, da AMC ursprünglich das Budget drücken wollte, und vorschlug, man könne auch ein Polizeirevier nehmen.

ANDREA, MICHONNE, DER GOVERNOR UND TYREESE

Zweiter, mit einem separaten Erzählstrang einhergehender Haupthandlungsort ist das, vom Governor regierte, kleine Städtchen Woodburry, in das es Andrea und der Neuzugang Michonne verschlägt. Ein trügerische Sicherheit versprechender Ort, der zudem beste Gelegenheit bietet, die beiden (in den Comics extrem beliebten und berüchtigten) neuen Charaktere vorzustellen.
Wehrend Andrea, wie gehabt, mit ihrer naiven Art eher nervt und sich schnell dem Charme des Governors und den Annehmlichkeiten der geschützten Stadt hergibt, ist es die verschlossene, von Dania Gurira („My Soul to take")vorzüglich verkörperte, Amazone Michonne, die der hinterlistigen Gastfreundschaft widerstrebt und dem Überlebenskampf in der Außenwelt den Vorzug gibt. Zurecht, wie schon die erste Folge mit dem Governor zeigt, welcher in der Serie von David Morrissey („Red Riding") deutlich subtiler dargestellt wird, als in den Comics. War der gezeichnete Governor schon von vorne herein ein Psychopath, wirkt die Realfilmversion zunächst eher wie eine eiskalte Parabel auf Politiker und Kriegstreiber a la Bush, dessen Kaltblütigkeit (zumindest für den Zuschauer) offensichtlich ist, während der Wahnsinn sich erst nach und nach in voller Blüte entfaltet.
Doch ansonsten muss man sagen, dass die Macher sich auch hier mehr an die Vorlage gehalten haben, als bei anderen Charakteren. Sei es das Aquarium mit den Köpfen, die untote Tochter, oder die Zombie-Gladiatoren-Kämpfe, vieles ist noch gut in die Serie transferiert worden.
Ein weiterer Charakter aus den Comics, den man inzwischen schmerzlich vermisst, aber trotzdem noch nicht für die dritte Staffel erwartet hatte ist Tyreese. Der afroamerikanische Ex-Footballer ist gerade für die Gefängnis-Storyline eine extrem wichtige Figur, und sollte ursprünglich bereits vor der Farm auftauchen und als moralisches Gegengewicht zu Rick dienen, welcher im weiteren Verlauf der Geschichte immer kompromissloser handelt.

Hier hat man nun ein paar gröbere Änderungen vorgenommen. Zum einen hat Tyreese nun eine Schwester (Sonequa Martin-Green, bekannt aus „Once upon a Time") statt einer Tochter und auch lernt er Rick nun erst nach den tragischen Vorfällen im Gefängnis kennen, wo dieser sich gerade im letzten Stadium eines ausgewachsenen Nervenzusammenbruchs befindet, was dazu führt, dass Tyrese kleine Gruppe zunächst im Lager des Governors landet. Verkörpert wird er von Chad L. Coleman („The Wire") welcher zwar optisch nicht so recht zur Vorlage passen möchte, seine Sache aber trotzdem sehr gut macht und einen sympathischen Charakter abgibt.

RÜCKKEHRER

Neben noch weiteren neuen Figuren, bietet die dritte Staffel für Fans vor allen Dingen auch ein Wiedersehen mit zwei, seid der ersten Staffel verschollenen Charakteren.

So ist Publikumlieblins Daryl Dixons Bruder, der (weiterhin von Michael Rooker verkörperte) herrlich unsympathische Mearl wieder mit von der Partie und zwar (wer hätte das gedacht auf der Seite des Governors. Doch bekanntlich ist Blut dicker als Wasser, was nicht nur für einige der spannendsten Abschnitte der dritten Staffel sorgt, sondern auch den liebenswürdigen Drecksack Mearl zu einem der interessantesten und vielseitigsten dieser Staffel macht.

Und auch Morgan Jones, der Mann, der Rick gleich nach dem Erwachen aus dem Koma begegnet ist, taucht wieder auf. Hier erwartet Nicht-Kenner der Vorlage eine richtig böse Überraschung, denn der einst fürsorgliche Vater Morgan ist schon lange nicht mehr der Mann, der er einst war. Leider bleibt es auch dieses Mal nur bei einem Kurzbesuch des eindringlich spielenden Lennie James („Jericho", „Human Target"), in einer von der Haupthandlung eher losgelösten Füller-Folge der zweiten Staffelhälfte.

FAZIT ZU EINER KLASSE STAFFEL MIT EINEM SCHWACHEN FINALE:

Die dritte Staffel ist im direkten Vergleich zur 2. eine wahre Offenbarung, und bietet über weite Strecken feinste, kompromisslose Zombie-Action und Spannung auf höchsten Nieveau. „Fight the Dead, fear the Living" lautet ihr Motto und so beschäfftigt sie sich auch diesmal, neben dem Kampf gegen die Toten, mit der Bestie Mensch, die, losgelassen von allen Regeln und gesellschaftlichen Zwängen in einer apokalyptischen Welt, unter der Überzeugung, oder dem Denkmantel das Richtige und Notwendige zu tun, jedes erdenkliche Monster in den Schatten stellen kann.

Man hat der Vorlage gerecht, das Erzähltempo und den Härtegrad deutlich erhöht, und das Gefühl, dass es jeden der Charaktere erwischen kann deutlich verstärk, was auch der Spannung zu Gunsten kommt; allerdings so manchen (auch beliebten) Charakter das Leben gekostet hat.

Durch Variationen und Änderungen bleibt die Serie auch für Kenner der Comics unvorhersehbar; und dieser freut sich dann umso mehr, wenn bereits bekannte Elemente und Ideen (wie etwa das Telefon) dann doch noch, wenn auch an anderer Stelle als erwartet in der Serie zum Einsatz kommen.

Die Schauspieler sind durch die Bank weg klasse und mit David Morrissey hat man dem berüchtigsten Antagonisten des „The walking Dead"-Universums ein würdiges Gesicht verpasst.

Die Einzigen zwei Kritikpunkte sind, das ab der zweiten Hälft nachlassende Tempo der Handlung und ein paar Füller-Folgen, doch im direkten Vergleich zu den Aussetzern der zweiten Season, ist das nun meckern auf höchsten Niveau, da sich zu keinem Augenblick Langeweile einstellt.

Wirklich ärgerlich dagegen ist das echt schwache, halbärschige Staffelfinale; welches in Wirklichkeit keines ist. Zwar gibt es tatsächlich ein leichenreiches Massaker, doch die finale Konfrontation und Schlacht mit dem Governor bleibt aus, was in Anbetracht des bisherigen kompromisslosen Tenors eben arg enttäuscht und auf die wohl schwächste mögliche Art gelöst wurde.

Andrerseits, wurde so zumindest eine interessante Grundlage für die vierte Season geschaffen. Und so darf man, diesen Ausrutscher vorerst auch verzeihen, da die Autoren weiterhin noch die Möglichkeit haben alles wieder auszubügeln.

Zum Schluss bleibt zu sagen, dass „The walking Dead" qualitativ einen atemberaubenden Sprung gemacht hat und in Sachen Gewalt und Kompromisslosigkeit neue Standards fürs TV setzt.

Man darf überaus gespannt sein, wie die Macher das noch steigern wollen.

Vielleicht ja damit, dass sie Ernest R. Dickerson noch mehr Folgen inszenieren lassen, denn dieser hat bieher die meisten und mitunter besten Episoden inszeniert. **8,5 von 10 Punkte**

FREIGABE: Hier wird es wieder spannend. Denn während die ersten beiden Staffeln, zumindest in Deutschland keine Probleme mit der Zensur bekamen (Staffel 1 wurde international vorab zensiert), mussten die Zuschauer diesmal bei den ersten drei Episoden auf FOX eine böse Überraschung erleben. Diese bekamen nämlich von der FSF nur in zensierter Form eine Freigabe. Daher bleibt auch abzuwarten, wie es bei dieser Staffel für die DVD/BD-Veröffentlichung mit einer Freigabe der FSK aussehen wird.

ONLINE TIPP: Wer sich ständig mit frischen Informationen zu „The walking Dead" versorgen lassen möchte, dem empfehlen wir übrigens die Facebook Seite **„The walking Dead Germany"**, welche dank exklusiver Kontakte meist über die frischesten Neuigkeiten zu Serie verfügt.

Horror und Splatter in Serie

Nicht nur in „The walking Dead" geht es blutig zu. Und für all jene die mit Zombies vielleicht nichts anfangen können, oder von Blut, Horror und Thrill in Serie nicht genug bekommen können, haben wir hier eine kleine aber überaus feine Auswahl aktueller, serieller Erwachsenenunterhaltung zusammengestellt.

Die (neben den AMC-Zombies) wohl aktuell beste und erfolgreichste Serie in Sachen Horror ist

AMERICAN HORROR STORY, welche es inzwischen auf zwei (und eine abgesegnete Dritte) von sich gänzlich unabhängigen Staffeln gebracht hat. War die erste Staffel noch ein bizarrer Haunted House Horror im Shining-Stil, mit Anleihen bei David Lynch; so wurde aus der Zweiten mit dem Beititel **ASYLUM** ein gänzlich durchgeknallter Genremix aus Nunsplotation-, Serienkiller-, Dämonenhorror und Alien-Mystery, welche aber trotz der oberflächlichen Inkonsistenz überaus spannend daherkommt. Dazu gibt es auch den nötigen Schuss Splatter und Terror und eine großartige Jessica Lange („Kap der Angst") in den jeweils besten Rollen.

SPARTACUS (BLOOD AND SAND – GODS OF THE ARENA – VENGANCE – WAR OF THE DAMNED)
Wenn es um hochstilisierten Splatter und Sex geht, kommt man an dieser hochwertige Serie, des PAY-TV-Senders "SHOWTIME" kaum vorbei. Lose an den historischen Begebenheiten um den Titelhelden angelehnt, bekommt man hier eine krude Mischung aus intriganter hochglanz Soap a la „Rom" und plastischer Comicgewalt a la „300", in welcher besonders ab der 2. (offiziellen) Staffel „Vengance" der Gore- und Härtepegel in nahezu unbeschreibliche höhen geschraubt wird; ohne aber dass die spannungsgeladene Handlung darunter leidet. Auch die (aktuell in den USA laufende) epische Finale Staffel, lässt bisher keinen Qualitätsverlust erkennen.

THE RIVER Freunde des Found-Footage-Horrors werden an der kurzlebigen ABC-Midseason-Serie von 2012 ihre helle Freude haben. In dem 8 Episoden Mystery-Horror bekommt es die Familie (samt Filmteam) eines verschollenen Forschers bei einer Rettungs-Expedition im Amazonas mit nahezu allen Klischees des Genres zu tun. Neben raubtierhaften Dschungel-Dämonen, bösen Geistern und suspekten Ureinwohnern, gibt's sogar Puppenhorror, eine Variation des Fliegender-Holländer-Mythos und waschechte Zombies die für Adrenalin geladenen und gelegentlich blutigen Survival-Horrror sorgen. Zwar geht öfters die Logik flöten, und auch sonst ist „The River" eher ein No-Brainer, doch für 2-3 atmosphärische Abende mit abwechslungsreichen Mystery-Horror reicht es allemal.

TEEN WOLF Basierend auf dem 80er-Klamauk mit Michael J. Fox ist unter der kreativen Leitung von Jeff Davis und mit Beteiligung von Russel Mulcahy („Highlander") für MTV eine überraschend hochwertige und spannende Teen-Horror-Serie im Buffy-Stil entstanden, in der der Teenager Scott, nach dem Biss eines Werwolfs, nicht nur mit den sozialen und sportlichen Vorteilen und gefährlichen Nachteilen seines neuen Zustands zurechtkommen muss, sondern auch noch in eine uralte Fehde zwischen Werwölfen und Jägern gerät. Mit nunmehr drei Staffel und einer Ausstrahlung in Österreich, kann es nicht mehr lange Dauern, bis es auch bei uns in Deutschland zu einer Free-TV-Ausstrahlung kommt.

DEATH VALLEY dagegen war deutlich weniger erfolgreich, wurde hierzulande aber wenigstens schon unzensiert im Free-TV und auf DVD veröffentlicht. Dabei geht es in der spaßigen Serie, rund um eine rabiate Polizeieinheit, die sich mit Zombies, Vampiren und Werwölfen herumschlagen darf, alles andere als zimperlich zur Sache.

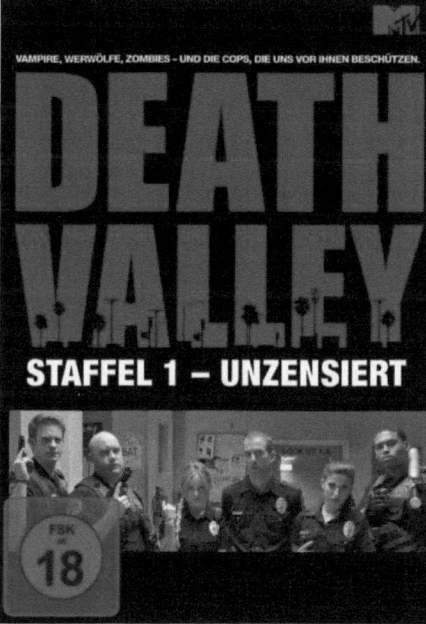

BANSHEE Ein frisch aus dem Knast entlassener Diamantendieb, verfolgt von einem Gangsterboss, wird durch einen blutigen Zufall der neue Sheriff eines kleinen Städtchens und tritt auch dort schnell, mit seiner rabiaten Art der Gesetzeshütung, neben seiner Ex-Freundin, dem örtlichen Verbrecherboss auf die Zehen... - Nach gerade mal vier Folgen hat es die Serie des (für härtere Kost bekannten) Pay-TV-Senders CINEMAX geschafft von uns eine uneingeschränkte Empfehlung zu bekommen. Der realitätsferne Neo-Pulp glänzt neben einer astreinen Inszenierung und einer spannenden Handlung vor allen Dingen durch seine Schauwerte. Neben viel Sex (und der Tatsache, dass hier jede bei Geringsten Anlass von jedem die Fresse poliert bekommt) sind es gerade die überaus brutalen Gewaltexplosionen, die dem Zuschauer regelmässig die Kinnlade herunter klappen lassen. Ein herrlich hirnloses Vergnügen im Stil reaktionärer 80er-Action.
Mit dem sehenswerten

THE FADES in der ein Schüler und Sonderling erfährt, dass er als Angelic Tote sehen kann und feststellen muss, dass diese durch das Trinken menschlichen Blutes einen Weg in die Welt der Lebenden gefunden haben, kommt ein ganz spezieller Teen-Horror von der britischen Insel. Der sehr frische, teilweise recht harte und schön dreckige Mix aus „Sixt Sense", „Buffy", „Pulse" und „Skins" hat es aus finaziellen Gründen leider nur auf eine (durchaus runde) Staffel von sechs Episoden gebracht. Dafür aber ist diese immerhin seit dem letzten Jahr auch bei uns in unzensierter Form auf DVD erhältlich.

DEXTER braucht wohl keine größere Vorstellung. Der sympathische Serienkiller und nebenberuflicher forensischer Ermittler hat es inzwischen auf sechs Staffeln gebracht, und eine siebte ist bereits auf dem Weg.
Wer Serienkiller mag, der dürfte auch an der nagelneuen, düsteren Serie

BATES MOTEL gefallen finden, in der (als modernisiertes Quasi-Prequel zu „Psycho") die Geschichte vom jungen Norman Bates und seiner Mutter, die nach dem mysteriösen Tod seinem Vater das verfallene Motel beziehen und mit den Geheimnissen der anliegenden Kleinstadt konfrontiert werden.

Mit **HANNIBAL**, welcher die Vorgeschichte zu „Roter Drache" erzählen will, kehrt noch eine weitere Kultfigur der Horrorgeschichte im Serienformat zurück. In der NBC-Serie geht der nun von Mads Nikkelsen vorzüglich bekleidete Dr. Lecter für das FBI auf Killerjagd, wehrend er im Geheimen selbst seinen kannibalistischen Neigungen frönt.

Und auch **TRUE BLOOD** dürfte jedem Horrorfan zumindest ein Begriff sein und darf natürlich nicht in dieser Liste fehlen. Das vor Sex und Blut strotzende Anti-Twilight geht dieses Jahr in die bereits sechste Staffel und ist ein Hochgenuss für Freunde echter Vampire. Wer es dagegen etwas glatter, aber ebenso nicht unblutig und sogar etwas kompromissloser haben will, der darf es mit **VAMPIRE DIARIES** versuchen, welche es glücklicher Weise nach der Hälfte der ersten Staffel geschafft hat sich deutlich vom „Twilight-Klon"-Image zu distanzieren.

Schon etwas älter, aber besonders für Stephen King Jünger einen Blick wärt, ist die hochwertig produzierte TNT-Mini-Serie **NIGHTMARES AND DREAMSCAPES**. In der acht Episoden umfassenden Anthology, basierend auf der gleichnamigen Kurzgeschichten Sammlung, bekommt man von totbringenden Spielzeugsoldaten, über Rock´n Roll Zombies, bis hin zur Dummpokalypse all den Wahnsinn geboten, denn man sich vom Meister des modernen Horrors nur wünschen kann.

Zu guter Letzt sei Actionfans **STRIKE BACK** ans Herz zu legen. Ursprünglich als rein britische Serie (auch als „Chris Ryans Strike Back" bekannt) gestartet, stieg ab der zweiten Staffel CINEMAX in die Produktion mit ein, weshalb man den die ursprüngliche Hauptfigur Porter, gegen ein amerikanisch-britisches Soldatenduo austauschte und den (ohnehin schon nicht niedrigen) Härtegrad nochmal deutlich anzog. Das Ergebnis ist hochwertige und hochspannende, von Kompromisslosigkeit und platzenden Blutbeuteln durchsetzte Hochglanzaction auf höchsten TV-Niveau, die schon in der zweiten Staffel („Project Dawn") auf einen locker dreistelligen Bodycount kommt, und in Season 3 pro Doppelfolge regelrechte Leichenberge fabriziert.

Impressum: Fornits-Fronus-Verlag Adrian Majewski
Redaktionelle Leitung: Adrian Majewski. **Redaktion:** Andreas Port, Adrian Majewski. **Herstellung und Verlag:** BoD - Books on Demand, Norderstedt, **Kontakt:** fornits-fornus@gmx.de. **ISBN:** 9783732234585

- Findet uns auch bei Facebook unter Splattermovies – Das Splatterblog und bei DVD-Forum.at -